U0491443

数字营销系列

互联网销售

直播营销的管理法则

甄英鹏　叶　萌　孙　燕　刘　可◎著

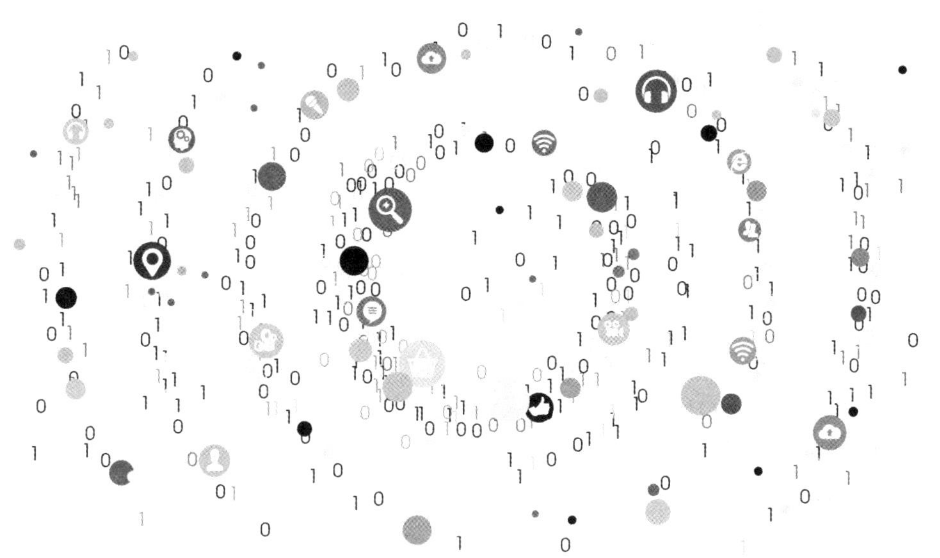

企业管理出版社
ENTERPRISE MANAGEMENT PUBLISHING HOUSE

图书在版编目（CIP）数据

互联网销售：直播营销的管理法则 / 甄英鹏等著. -- 北京：企业管理出版社，2021.5

ISBN 978-7-5164-2385-1

Ⅰ. ①互… Ⅱ. ①甄… Ⅲ. ①网络营销 Ⅳ. ①F713.365.2

中国版本图书馆CIP数据核字（2021）第073778号

书　　名：互联网销售：直播营销的管理法则
作　　者：甄英鹏　叶 萌　孙 燕　刘 可
责任编辑：尤 颖　黄 爽
书　　号：ISBN 978-7-5164-2385-1
出版发行：企业管理出版社
地　　址：北京市海淀区紫竹院南路17号　邮编：100048
网　　址：http://www.emph.com
电　　话：编辑部（010）68701638　发行部（010）68701816
电子信箱：emph001@163.com
印　　刷：河北宝昌佳彩印刷有限公司
经　　销：新华书店
规　　格：170毫米×240毫米　16开本　15印张　200千字
版　　次：2021年5月第1版　2021年5月第1次印刷
定　　价：65.00元

前言

近二十年，人们经历了线下发展、PC时代互联网接入、移动互联网时代快速变迁、穿戴设备和万物互联等，时代在快速改变，但销售管理的商业逻辑是不会有重大改变的。

直播，作为一种内容载体与呈现方式，满足用户在“即时”“互动”方面的社交属性需求。从2018年开始，抖音、快手、淘宝直播、微信视频号等直播形式陆续进入发展快车道，其形式，不论短视频、中视频、长视频还是现场直播，都会为视频及直播等新媒体行业从业者带来新的发展路径。既然是新的发展路径，就意味着需要快速、有效地从这一条发展路径中寻找适合自己的流量获取方案及流量变现方法，以及考虑在这个赛道上如何能够走得远、走得快、走得稳。

另外，作为一种新经济、新媒体的发展方式，在巨大的网络流量下，营销方式日新月异、营销内容竞争激烈、抢占头部更加困难的同时，如何能够充分发挥直播销售的营销价值、突破营销瓶颈，快速带货、成功登顶，成为编写本书的核心诉求。

本书以理论和实例相结合的形式，讲解了直播销售的四大关键商业要素：组织管理、目标管理、渠道管理和服务管理。

组织管理是直播销售的基础，经过个人的初创打拼后，越来越多的杂事和平台运营事项会导致个人精力分散，需要专业化团队分工协作的力量，来保证整体内容的稳定产出。

目标管理是直播销售必不可少的一部分，完善的销售计划和过程实施是成功的第一步。本书相关章节详细介绍了从选品到直播的商业管理方法，帮助读者更好地规划直播方向和目标。

渠道管理是直播销售的核心，哪些平台有流量、哪些平台有具体实施的运营方法，都需要用好对应的平台渠道管理方法及促销管理方法，通过盘活“人、货、场”及流量转化变现，为最后一步冲刺做好准备。

服务管理是直播销售的核心。粉丝经济是直播的命脉。盘活粉丝，组建社群，服务创新及信用管理是直播销售的重中之重。

放眼未来，面对互联网下半场的全新时代，我们有信心能够迎难而上，用好数字化营销及商业逻辑方法的利器，提升项目的实战力和存活率。

在写作过程中，感谢刘聪、黄思超、杨烨、周雯珺、舒敏琦、王佳妮、宫河阳、幸毓、刘芮嘉等同学参与本书相关章节资料整理工作。特别需要说明的是，本书在写作过程中，学习、借鉴、吸收和参考了国内外众多专家学者的研究成果及大量相关文献资料，引用了一些书籍、报刊、网站的部分数据和资料内容，并尽可能地在参考文献中列出，也有部分由于时间紧迫，未能与有关作者一一联系，敬请见谅，在此，对这些成果的作者深表谢意。限于作者的学识水平，书中难免有疏漏，敬请广大读者批评指正，使本书将来的再版能够锦上添花！如您希望与作者进行沟通、交流，发表您的意见，请与我们联系。

联系方式：zhenyingpeng@163.com。

2021年2月19日

目录

第一章
快速带货的销售管理

可以流行的东西，总是更新、更年轻、更有传播力；无法流行的东西，会慢慢失掉话语权。

—— 网易公司创始人　丁磊

开章案例

抖音：从短视频到直播电商

如果说2019年是中国直播电商爆发增长的一年，那么2020年就是直播电商行业逐渐趋于成熟稳定的一年。在这一年里我们看到了一众明星下场体验直播带货，各式各样的商品出现在直播间内及不断被刷新的销售记录，也看到“3·15”晚会对网络直播带货乱象的揭露与批评，知名打假人王海对直播电商的打假，以及政府对这一新兴行业开始规范管理，这些现象的背后是一条正不断自我完善的直播电商生态闭环。随着越来越多的企业涉足直播电商行业，这条从生产商、直播平台、带货主播再到消费者的产业链条正逐渐形成，“电商+网红+平台”的合作模式也逐渐成熟完善。抖音作为直播电商行业的“新人”，相比起淘宝、快手等率先入局的企业来说显得有些稚嫩，但依托着抖音强大的用户基础和大数据用户画像技术，它是否能够完成逆袭，而直播电商的火热局面又能持续多久呢？

1.企业简介

抖音于2016年9月20日上线，最初的产品定位是短视频社交软件，该软件由曾经推出今日头条的字节跳动公司出品，目标是建设一个音乐短视频社区。在2017年春节期间，刚上线不到半年的抖音凭借着优秀的数据表现，让字节跳动公司决定将各种大腕、流量和推广资源全力导向这个可以拓宽公司业务的新项目。2019年12月12日，“2019胡润品牌榜”中，抖音以500亿元品牌价值排名第36位。

2.直播电商的兴起与缺陷

“电商+网红+直播”的模式是一种全新的商业模式，电商作为基础，网红作为媒介，直播作为形式，实现促进电商销售的目的。这一商业模式能最大程度地让三方获益，品牌方可以以较低成本推销自己的产品，主播可以获得品牌方的宣传费，而消费者可以用最优惠的价格买到产品。

从技术上来说，直播电商的兴起是互联网销售进入互联网2.0时代后的必然结果（见图1-1）。互联网2.0时代指的是高速移动网络出现后的互联网时代，特点是用户使用的互联网终端以移动端设备为主，并且4G网络实现大范围覆盖，信息传输速度大幅提升。早在2015年，直播行业就开始在中国兴起，并开始快速发展，为直播电商打下了技术基础，并培养了庞大的直播用户群体和市场。据iMedia数据，2019年中国直播平台使用人数超5亿人。可以证明，大量用户已经习惯使用视频这一方式获取信息。这些用户都将是直播电商的原始用户，他们会很快地参与进直播电商中，有了一定用户基础和热度之后，商家就可以继续进行推广并不断增加用户数量。传统销售最难解决的消费者数量问题就这样被直播电商解决了。

2015年 兴起阶段	2016年 发展初期	2017年 快速发展期	2018年 精细化运营阶段	2019年 市场爆发期
• 直播在中国开始兴起	• 3月，淘宝直播开始试运营 • 蘑菇街正式开启直播电商	• 快手开启直播带货模式 • 7月，苏宁正式上线直播功能	• 3月，亚马逊开启网络直播服务 • 8月，京东时尚在“京星计划”中推动直播带货 • 抖音在短视频和直播中进行大规模电商带货 • 12月，抖音购物车功能正式开放申请	• 11月，拼多多初次尝试直播带货 • 12月，小红书宣布即将正式上线电商直播 • 微信公众号首次尝试直播带货

图1-1　直播电商的发展历程

从商品信息容纳能力、购物体验感和购物的社交属性三个因素来看，相较于传统电商，直播电商在这三个方面都有着更大的优势。首先，在信息容纳量上，直播电商主要通过主播对产品进行展示、描述和示范使用的方式，能够让消费者比使用传统电商网页更详细地了解产品，并且还能加入主播对产品的主观感受，辅助消费者做出购买决策。从以前的黑白文字传单，到彩色图片海报，到视频，再到直播，消费者能够获取到的信息量越来越多，这些信息击中用户兴趣点的概率也随之上升。其次，在购物体验上，传统网购没有主播这一主动与消费者互动的角色，简单浏览网页的购物体验感受肯定是不如直播电商平台中的主播有趣。并且在直播中，消费者不仅可以收看视频，还可以通过弹幕的方式和主播互动，以获得更加完整的消费体验感。最后，在购物社交属性上，传统电商更是无法和直播电商媲美。在现实中，购物这一行为经常会兼具社交属性，而传统电商在这方面几乎没有任何准备，社交也就停留在好友分享商品链接这一步。而在直播间可以通过公开的弹幕交流，给相互不认识的消费者们以沟通交流的机会，大大增加趣味性。

说了这么多优势，网络电商模式是不是就没有缺陷了呢？答案当然是否定的。首先，在快速发展阶段，大量资质水平良莠不齐的商家进入直播电商行业，其结果就是，进入市场爆发期后，产品质量问题和售后问题层出不穷。其次，在直播电商行业，销售额是评价销售水平的重要指标，同时更多的销售额就意味着更高的热度和流量，也可以获得供应商更高的销售提成。于是部分商家开始自己给自己刷单，在直播结束后供应商按照销售额将坑位费和提成付给直播电商。但当无理由退货期快结束时，这些商家自己购买的用于刷单的产品会退货。最后，直播电商平台之间也在不断竞争，这种竞争逐渐失控。比如今天你卖一辆游艇，明天我卖一支火箭，售卖的商品噱头大于实际意义，偏离了直播电商本身的意义。

除此之外，直播电商还面临着国民总时间不足的问题。这个问题不仅仅是它的缺陷，还是禁锢它继续发展的枷锁。国民总时间这个概念是指每个用户空闲的时间是有限的，所有人的空余时间加起来就是国民总时间。这个时间的剩余长度决定了用户还有多少时间可以参与活动，网飞CEO Reed Hastings也提出过类似观点，作为美国最大的流媒体平台，它的竞争对手不仅是传统视频媒体，如电影院和电视台，还是所有的游戏公司、电影公司、出版公司和互联网社交公司。直播带货也是如此，甚至更为严重。因为大部分直播电商都是在20：00–22：00进行，这个时候，消费者除了看直播外，还可以学习、追剧、看综艺、打游戏或者看抖音短视频。所以直播电商需要和各行各业争夺这个时间段人们的注意力。

因此，在市场有限，国民时间不足的背景下，直播带货行业很快就会进入存量竞争的时代。存量竞争必然导致竞争增加和盈利困难，没有建立好壁垒的企业可能很快就会失败离场。

3.抖音的壁垒

抖音在做直播电商时就非常注重构建壁垒，如果没有壁垒，那么在竞争到来时，抖音将陷入被动局面。而抖音的壁垒主要分为四个部分：无形资产、成本优势、网络效应和迁移成本，如图1-2所示。

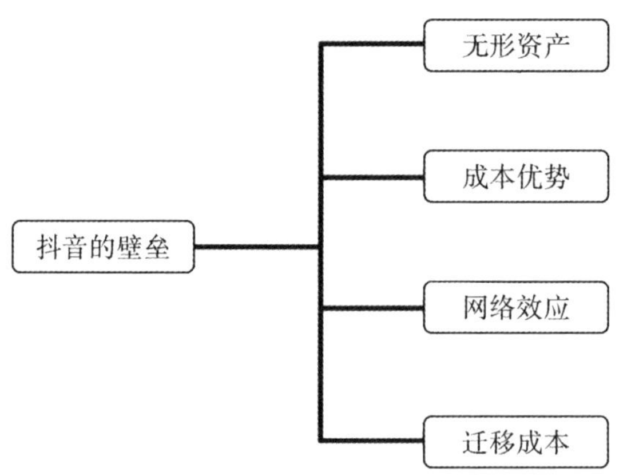

图1-2　抖音的壁垒

无形资产壁垒包括品牌口碑、主播影响力和特色技术等。其中，品牌口碑主要依靠电商在货品质量上的严格要求，并不断保持，最终才能产生好的口碑。主播影响力则指的是主播在进行直播带货之余，其具备的一些其他身份，如演员、主持人等，这些身份可以很好地吸引流量，并且这种主播一般是长期在一个平台进行直播，这样就形成了壁垒。特色技术是指直播平台具有的技术优势，如淘宝直播可以直接配套使用淘宝购物及支付宝平台，抖音可以使用字节跳动的用户画像技术等。

抖音进入直播电商领域较淘宝、快手相对较晚，相较于后两者并没有明显优势，但是抖音凭借庞大用户数量、优质的直播团队和强大的信息技术让差距不断缩小。对于抖音直播电商平台来说，还有着一个强有力的壁垒，那就是源自于今日头条的大数据用户画像技术。在这一技术支持下，抖音通过拥有的大量用户信息，可以准确地判断用户偏好，实现精准推送商品，极大地提高了电商平台效率。在目前这个信息化的社会，信息的重要性就如同石油之于工业化社会，是重要且不可或缺的。

4.发展总结

对于直播电商这一全新的销售模式，它成功的因素就是飞轮效应。首先，通过推荐具有吸引力或者性价比高的产品吸引用户；然后，带着一定的用户数量和品牌商议价，进一步获得价格优势或是更多优质产品供应，并利用产品在价格和质量上的优势吸引更多用户，不断循环。类似的飞轮效应在零售业巨头亚马逊也存在着。亚马逊会先利用低价促进规模增长，规模增长后研究如何降低成本，成本降低后再降低价格，不断循环。

直播电商作为一种全新的销售模式是传统电商的升级，依靠信息技术红利，将产品以直播的形式进行推广。从互联网销售，再到现在的直播电商，销售的发展方向总是伴随着技术发展的，新兴技术结合销售的模式是必然的趋势。而像抖音这样拥有海量用户和用户数据，并且懂得如何去运用的公司，一定能在直播电商领域获得一席之地。

（资料来源：作者根据多方资料整理而成）

上文案例中提到了移动互联网技术和视频直播技术的发展推动，使电商中出现直播电商这一新兴行业。同样的，进入互联网时代2.0后，随着技术的发展，人们观念的改变，销售也逐渐发生了变化。销售这一传统商业行为凭借着互联网这一工具开始进步和改变，形成了互联网销售这一全新领域。比起传统销售，互联网销售出现了很多变化，如用户的喜好会更加直接地反映在产品上，销售所需要关注的内容逐渐增加，销售链条和分销商数量显著减少等。除此之外，受互联网思维影响，零售行业中出现了新零售概念，新零售和传统零售的主要区别在于对信息技术的使用及互联网思维的运用。同时，在销售职能所包含的内容中还增加了运营部分。

第一节　互联网销售

与许多新生领域一样，互联网销售一直没有一个受到广泛认可的准确定义。广义的互联网销售可以被表示为所有以互联网为渠道的具有明确销售目的的销售活动。可以说，互联网销售是所有互联网企业立身之本，也是广大传统行业的革新之路。

本节主要讨论在互联网销售中出现的更加多维的销售关注点及新生的新零售和新制造对销售产生了什么影响，以及互联网销售是如何运营内容、用户、活动、产品的。

一、多维的销售关注点

互联网销售相较于传统销售增加了更多的特点，这些特点也是新兴的销售关注点。总结下来有以下几点。

（1）个性化。目前消费者对商品和服务的要求不断特殊化，体现出来的效应就是越来越多的企业开始执行个性化战略，而个性化缺失的企业很多都被淘汰了。

（2）多元化。互联网销售较传统销售方式更加多元化，在如今的互联网销售中，销售管理往往需要对产品定位、市场调查、资源配置管理等整个销售流程进行关注。

（3）整合化。互联网时代下，销售链相较于之前大大缩短，原本作为中枢的渠道商逐渐减少，销售管理部门需要填补这一部分空缺，最好的办法就是进行资源整合。

（4）无界化，随着互联网成为人们生活中的必需品，如外卖和网购都离不开互联网，互联网销售也随之渗透进人们的日常生活之中，如网页中的广告，朋友圈的优惠链接，各式各样的优惠活动宣传等。销售的边界正被不断打破，出现无界化，即范围很广，覆盖方方面面。

（5）大数据化，利用用户产生的数据对用户进行画像，大大提高了销售的效率。最典型的就是在微信朋友圈中会时不时出现你曾经在京东中搜索过的商品，有时是背后的人工智能预测你可能感兴趣的商品，以此增加购买者的购买概率。此外，大数据还能对消费者进行兴趣分析，推测出消费者可能购买的产品，如经常购买平价商品的用户，系统会优先推荐平价款，而对价格不敏感的用户，搜索后最先出来的会是高价高质量的产品。

（6）可复制化，在互联网销售中，可复制化也是值得关注的点。例如，家政服务在不同的地区都是有需求的，而传统家政行业需要招聘家政人员，开发客户，并且业务覆盖范围十分有限；将家政服务进行商品化销售管理，并确定这种方式是否可复制决定了这一模式能否迅速推广到整个市场，迅速形成巨大经济效益。

二、新零售和新制造带动销售方式

想要了解新零售和新制造对销售方式会造成什么影响，就要先搞清楚一个问题，什么是新零售？新零售是以消费者体验为中心，深入运用信息技术的零售方式，并借助先进的技术手段、新兴的销售手段围绕挖掘顾客价值和打造顾客价值两大关键点进行生产销售活动。未来，评价新零售、新制造企业经营能力的主要标准应该包括企业拥有多少有价值的顾客，以及这些顾客的价值总和有多少。

新零售相较于传统零售主要产生了三个方面的变化，如图1–3所示。

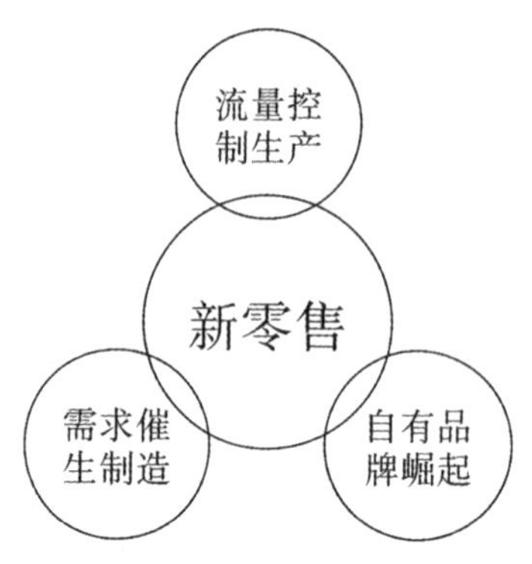

图1-3　新零售相较于传统零售的变化

一是流量控制生产。新零售拥有传统零售不具备的巨大流量，这使新零售平台可以通过流量的分配去约束、管理平台中的企业，同时流量分配成了平台的主要收入来源。

二是需求催生制造。新零售和用户连接紧密，可以对用户需求进行定义，在此基础上又衍生出新制造。新制造的主要特点就是让制造企业只负责代工，而平台控制着用户需求或核心技术和销售渠道。这种生产方式简称OEM，是Original Equipment Manufacturer的缩写，即定点生产。

三是自有品牌崛起。新制造中制造企业只负责代工，由平台逐渐形成自有品牌。比如，英国零售巨头马狮只卖自有品牌的商品，沃尔玛也同样将自有品牌的商品放在最显眼的位置。这说明在新零售环境中自有品牌现象将会成为主流。

新零售相对于传统零售有四个特点，如图1-4所示。

一是记名消费：所有的新零售消费都将是记名的，顾客进行过的每一笔消费都会被系统记录下来，通过数据分析就能了解顾客的喜好，判断出顾客接下来的购买需求。

二是贴近顾客：在传统零售中，商家很难通过数据知道用户的偏好。但是在记名消费的前提下，辅以大数据分析，商家能够更加及时准确地知道用户需求，商家和顾客之间的距离被不断拉近。

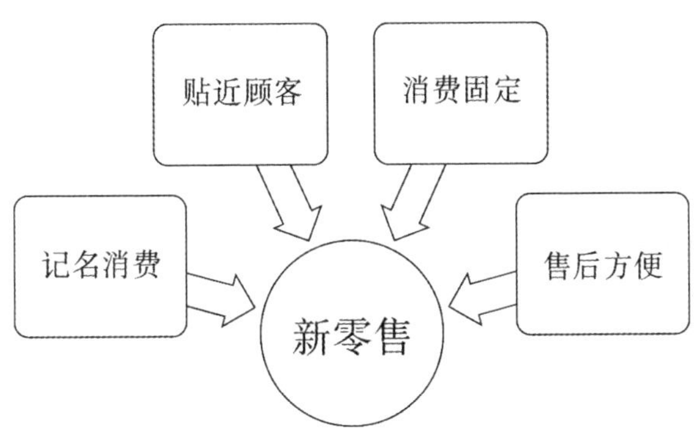

图1-4　新零售的特点

三是消费固定：不同的品牌和产品越来越多，但顾客依然会选择熟悉的产品购买，他们基本不了解目前新型的产品。

四是售后方便：新零售十分注重顾客的评价，就像备受好评的电影会吸引更多影迷去观看，被评价味道好的菜品会受到更多食客的青睐。外界的评价对于企业和产品也越来越重要，在这一背景下，平台和企业会更加重视顾客的售后问题。

除此之外，还必须承认一个事实，不论是电商企业还是线下零售企业，它们所拥有的流量开始呈现增长放缓或下滑趋势。只是电商企业更有流量思维，可以通过准确及时的销售数据反映这个问题；而线下零售企业对流量不够重视，也没有及时的销售数据，只能发现销售的下滑，对于是哪部分用户减少，以及为何减少没有做出很好的调查统计。

所以，在目前形势下，企业当务之急是要完成由经营产品向经营顾客转化，而经营顾客的核心是提高顾客体验，创造顾客价值。从根本上来说，企业向新零售、新销售转化的关键就是向着经营顾客转化，最终目标是打造顾客价值，培养具有价值的顾客。

三、运营内容、用户、活动、产品的过程

1.内容运营

内容运营的核心问题是如何使内容的生产与消费形成一个良性循环，促进与内容相关的数据不断提升，如哔哩哔哩、抖音和今日头条中都有的点赞、评论和转发的数据就属于内容管理需要关注的因素。

因此，内容运营需要关注和解决内容基础属性和展现方式、用户喜好类型、引导用户互动、保持可持续性五个问题，如图1–5所示。

图1–5　内容运营

2.用户运营

用户运营的核心问题是如何实现用户新增、用户留存、用户活跃，以及用户传播的循环。新增用户主要通过大力宣传和增加渠道，留存用户需要优质内容和良好的平台环境，活跃用户需要持续推出活动和保持平台稳定，传播用户则需要主要内容广泛并且大众化。用户运营如图1–6所示。

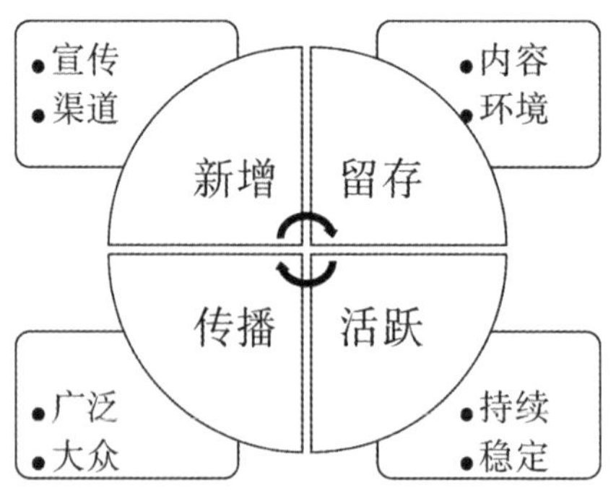

图1–6　用户运营

除此之外，还需要注重建设与用户之间的价值供给关系，促进与用户相关的数据不断提升，如用户数、活跃用户数、用户停留时间等。因此，用户运营需要关注和解决五个问题，如图1–7所示。

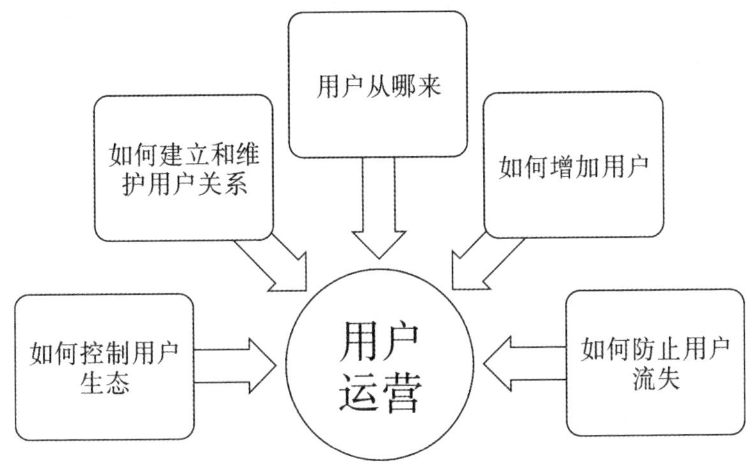

图1–7　用户运营中的问题

3.活动运营

活动运营的核心问题是如何围绕一个或一系列活动的策划、资源确认、宣传推广、效果评估等过程做好项目推进、进度管理和实施工作。要经营一项活动，必须事先确定活动的目标，持续跟踪活动过程中的相关数据，并对活动的效果进行评估。

事实上，活动是一种常见的操作手段。在内容运营和用户运营的过程中，或多或少都会涉及很多活动。因此，很少有互联网公司将“活动运营”作为一个单独的运营项目。

4.产品运营

产品运营其实就是通过一系列运营手段去促进某个产品的特定数据的提升，如下载量、安装量、注册量、访问频率、讨论量等。

对于一个有以下两种情况的互联网公司来说，将会建立一个“产品运营”的位置。

（1）一个新的分支功能被添加到一个成熟的产品中，需要一个人协调各种资源，做好各种任务，负责统计与该功能相关的产品数据。

（2）一家中早期的互联网公司不需要将其业务划分成复杂的部门，它需要一个会做一切事，又能支持产品的“人”，这个“人”就是产品运营。

当然，除了产品运营外，还有很多新兴的运营岗位，如图1–8所示。

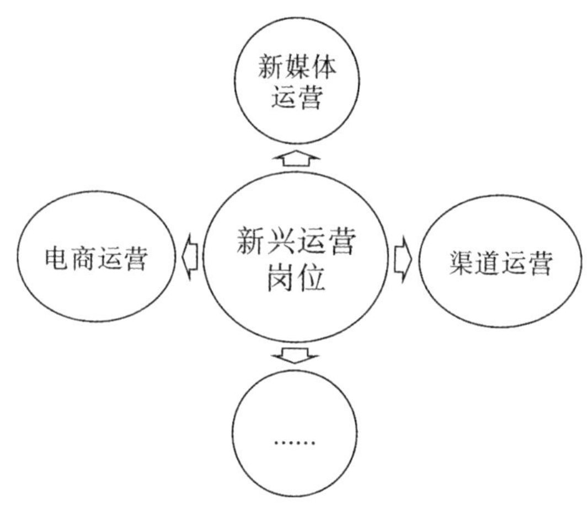

图1–8　新兴运营岗位

尽管各种各样的岗位令人眼花缭乱，但所有这些岗位都有一个目的——帮助在产品（或服务）和用户之间建立更好的关系，这些岗位的划分只不过是其所负责的领域，各个岗位的关系不应该是分裂的，而应该是统一并具有整体性的。

快速带货的销售管理专栏1

每刻科技：数字化报销服务

1.企业简介

成立于2015年的每刻科技，定位智能云财务产品和解决方案服务商，是在发票电子化大趋势下发展起来的一家企业。2015年，每刻科技旗下的第一款产品企业费用管理云平台——每刻报销正式上线，每刻报销是每刻科技的主打产品，其不但能够解决中小企业的报销问题，还能帮助中大型集团企业建立财务共享中心。

2.数字化财务报销服务

在财务报销环节，传统报销模式和报销系统均面临流程烦琐、处理时效滞后、重复性工作多等问题。每刻报销通过连接第三方消费平台、网上银行和第三方支付平台等第三方生态，实时抓取费用数据，并且通过生态合作，每刻报销能够帮助企业降低企业采购成本，提高费用支出和审批审核的效率。

在技术应用上，每刻报销基于发票智能OCR识别技术，支持10多种发票的群拍、群读、群验真，一键拍照即可对发票信息进行识别。而通过大数据分析，每刻报销能够对企业费用数据进行分析，自定义报表功能则能够实现可视化展示，帮助企业进行有效的费用管控，为企业业务决策提供支持。

2019年，在会计档案电子化的政策推动下，每刻科技推出了新产品——每刻档案，帮助客户建立电子会计档案系统，实现“云财务+云共享+云办公”一体化。每刻科技通过两款拳头产品，形成了全链路的费用报销无纸化产品体系。

在档案管理环节，每刻档案提供了一套从采集、归档、借阅，到鉴定、移交、销毁的全流程解决方案。目前，每刻档案已对接市面上主流的财务核算系统（如SAP、金蝶、Oracle、用友、鼎捷等），可实现银行回单、会计凭证、业务单据等原始凭证归档的全面自动化、电子化。从流程上来说，以往需要耗费大量人力、物力来对纸质档案进行管理和储存，现在档案存储则可以实现零工时占用、零空间占用，归档、查档效率提升90%。

除了提供专业便利的企业费用管理服务平台之外，每刻科技还以企业财务SaaS软件为切入点，不断扩展第三方消费、资金管理等生态伙伴圈，从而为企业提供从平台工具，到生态圈，再到财务管理模式的一站式服务平台。

2021年1月21日开始，专票电子化实行范围扩展至全国。在此趋势下，国家大力推进电子发票、电子档案等相关政策，企业在财税方面的数字化转型速度将不断提升。

目前，每刻科技已拥有超过2000多家企业客户，包括200多家上市企业，客户覆盖多个行业，如医药、零售、机械制造、电子、餐饮、大健康等多个行业，标杆客户如大华股份、欧普照明等，当前公司客户金额续约率达到120%。

3.发展总结

面对财务报销数字化的趋势，每刻科技创新推出数字化报销服务，并且通过对财政政策的深入了解，开发出成熟好用的报销系统。通过数字化系统管理销售团队也将是未来销售管理的重要发展方向，想要做好销售管理就要积极地将新技术加以利用，最终实现提高销售效率的目的。

（资料来源：作者根据多方资料整理而成）

第二节　认识销售管理

“谋定而后动，知止而有得”这句话很多人都知道，它的意思是：先进行周密的谋划然后行动，确定目的地能够有所收获。又如《礼记·大学》中的“知止而后有定，定而后能静，静而后能安，安而后能虑，虑而后能得”，即知道应达到的境界才能够志向坚定，志向坚定才能够镇静不躁，镇静不躁才能够心安理得，心安理得方能思虑周详，思虑周详方能有所收获。表达了对于行动前谋划的重视，认为正确的谋划对于行动的成功有着十分重要的意义。

在大型企业中，也应该有一个负责规划的部门，在企业发展的过程中，不断地为企业进行形式分析、规划判断和决策。这个重要的流程就是销售运营管理，其负责解决的主要问题如图1-9所示。

图1-9　销售管理解决的问题

目前的大型跨国企业，如谷歌、亚马逊、甲骨文、微软、西门子、IBM等都设立了负责销售运营管理的部门。

关于销售管理的含义，国内外学者有不同的理解。大部分西方销售管理学者认为销售管理就是对销售人员的管理；市场营销学著名专家菲利普·科特勒认为销售管理就是设计和控制销售团队的目标、战略、结构、规模和薪酬；拉尔夫·杰克逊和罗伯特·希里奇在《销售管理》一书中提出，销售管理是计划、指导和监督人们的销售活动。中国学者李显国则认为销售管理就是管理直接实现销售收入的过程。销售管理有狭义和广义之分，狭义的销售管理是指对销售主力，即人员的管理；广义的销售管理是指对所有销售活动，即整个销售流程的综合管理。

随着不断地实践，销售运营管理逐渐产生了确定的工作领域和方法论，这些工作内容通常包括以下八大模块：市场目标管理、销售策略制订、销售人员管理、销售费用管理、销售激励与奖金设计、销售绩效管理、销售流程优化、销售管理软件。

一、 市场目标管理与销售策略制订

销售管理本质上是对销售活动的优化控制过程，而在这一过程中需要围绕一个具体性的目标作为指导和参考，没有目标的管理是没有意义的。除此之外，在实现目标的过程中还需要有明确的路径和方法，这就是策略。一个合适的策略可以让目标更好地实现，一个欠妥的策略可能会和目标南辕北辙。

市场目标管理包括以下步骤：市场环境分析、竞争分析、目标客户群体分析、销售预测、建立市场目标模型、公布指标，以及自上而下的沟通和微调。

在确定销售目标时有三个要点。第一，一个正确的目标需要仔细研究，分析大量的市场数据，反复讨论和分解市场目标，以确保目标的科学合理性。所以在市场、竞争和客户分析中要严谨，力求收集到的数据准确客观。不同的问卷方式、问卷设计和调查时间，都会对收集到的数据造成影响，所以在设计时应该充分考虑并规避这些问题。第二，要重视契约精神。目标一旦确定，原则上不允许进行调整，除非有人员变动或者市场有较大变动。并且要将制订好的目标真正地作为行动的方向，不允许擅自对其进行修改或歪曲。第三，要重视市场目标所反映的管理问题，根据结果调整管理，以达到更好的效果。从原则上来说，目标的制订不能仅仅依靠上层的判断，还需要公司上下进行协调，并统一认可。但在实际过程中，上下层对于目标的理解不可避免地会产生不同理解，这一不同理解主要原因就是管理方式和目标不适配，这时需要对暴露出的管理问题进行解决。

目标确定后，下一步就是制订销售策略。一个好策略的特点如图1–10所示。

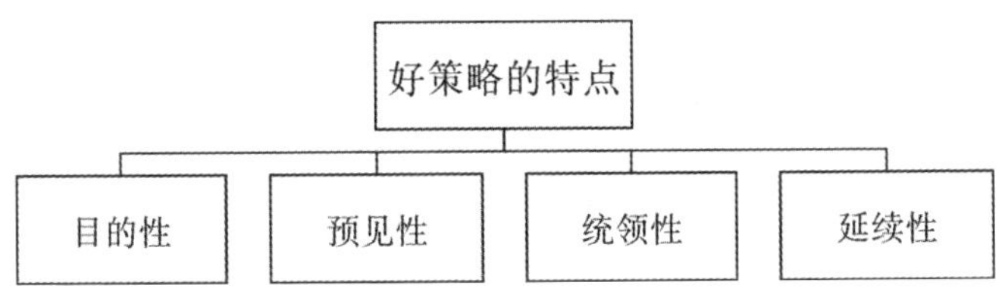

图1-10　好策略的特点

首先，目的性，策略必须服务于目标的实现，必须与最终目标有很强的相关性和因果关系。这应该是实现这一目标的必要甚至充分条件。

其次，预见性，策略应该能够预见市场的发展趋势并加以利用。

再次，统领性，策略一旦制订，就会引导资源的流动，没有资源倾斜的策略是无效的。

最后，延续性，根据市场环境和竞争格局的变化，策略通常具有一定的延续性。当市场环境相对稳定，竞争格局变化不大时，策略就可能长期有效。

策略的制订没有简单统一的路径或模式可遵循，但在策略的制订过程中仍有一些普遍适用的原则值得学习和借鉴，如图1-11所示。

（1）聚焦原则。策略必须指向目标、最重要的影响因素、关键绩效领域和关键要素（定量推论、逻辑推理、敏感性分析），其是可量化和可验证的。最好能够进行逻辑推理，即与目标之间有明确的相关性和因果关系。敏感性分析是指对单一策略对市场目标的影响进行定量分析，是对逻辑因果关系的验证。当有多个备选策略时，可以使用敏感性分析来验证哪个策略是最有效的。总之，最终要把策略限定在最有效、最高效、影响最大的举措上。

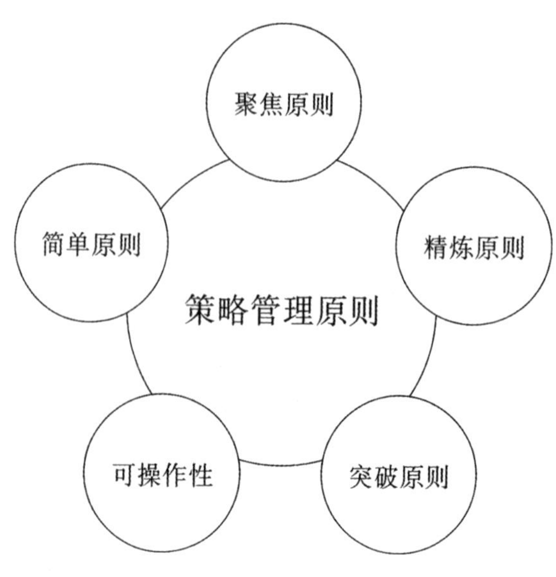

图1-11　策略管理原则

（2）精炼原则。企业的资源是有限的，如果把精力和资源投入到太多的活动中，资源就会分散，每项策略都不足以达到预期效果。最好的行动方针是“集中优势力量，各个击破”，集中力量办大事。同时，要在组织内部各部门、各层级之间形成共识，朝着统一的方向努力。过多的努力方向，会造成大家的混乱。

（3）突破原则。策略的制订是一项创造性的活动，这意味着策略制订往往需要跳出固有思维和惯性。这一原则要求决策者具有更广阔的视野和更强的相关思维能力。好的策略往往是企业内部从未出现过的创新。

（4）可操作性。制订策略的另一个重要原则是可操作性。制订的战略总是需要特定的人来执行，因此，有必要在策略制订阶段找到实施策略的人，试着向他们解释策略，判断他们的理解程度，询问他们是否可行。只有能够实施的策略才是有效的策略。

（5）简单原则。策略应该容易理解，容易记住。公司越大，人越多，这个原则就越重要。因为理解了策略才能很好地执行，而沟通存在损耗，所以策略需要简单易懂，确保策略能被自上而下地理解和执行。

二、销售人员管理与销售费用管理

在人员方面，销售人员管理包括销售人员组织结构（可以按照区域、产品线、渠道、销售方式和功能进行划分）、销售人员数量规划、销售培训、辅导机制、职业阶梯、销售招聘流程。结合企业之前确定的目标和策略，在确定销售人员的管理时，应考虑以下几个问题，如图1-12所示。

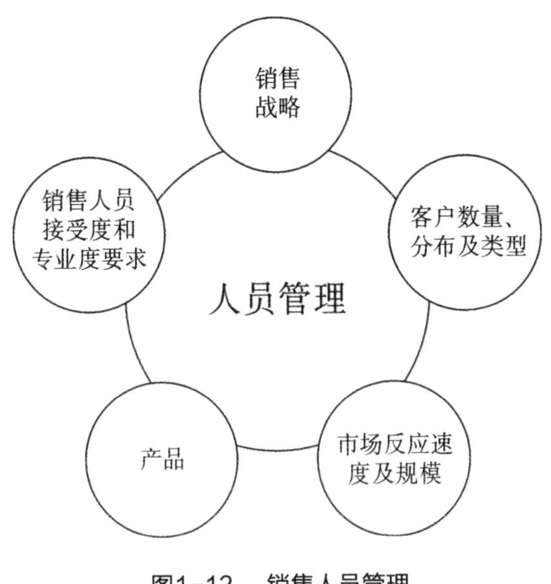

图1-12　销售人员管理

（1）销售战略。“战略决定组织”是一个著名的管理论断，销售组织的设计必须支持销售战略的实现。

（2）客户数量、分布及类型。销售组织设计的核心目标之一是满足客户覆盖策略，所以客户的数量、分布和类型也是销售组织设计的重要参考变量。

（3）市场反应速度及规模。客户总是想要最快的响应，所以离终端用户越近，市场的响应就会越快。同时，市场规模也是重要影响因素。市场越大，就越值得专业化；反之，那就不值得。

（4）产品。大多数公司销售不止一种产品，产品的复杂性、策略和增长速度也会影响公司设计其销售组织。例如，产品的战略性越强，拥有一个专门的团队就越有价值。

（5）销售人员接受度和专业度要求。接受度是指销售人员学习和掌握产品知识的能力。专业度要求通常出现在对销售人员专业知识有一定要求的项目中。

在实际销售过程中，销售人员的选择往往是决定成功的关键因素，一方面要看销售人员的专业水平，另一方面要看销售人员的特点和销售项目是否匹配。例如，在大宗设备（家电、汽车、生产器械等）的销售中，销售人员需要具有较为沉稳的风格，以赢取客户信任为优先；而在小件物品（食品、化妆品、服装等）的销售中，销售人员要积极主动，以引起客户兴趣为优先。

销售人员管理的另一个重要组成因素就是人员的晋升机制，良好的晋升机制可以对销售人员产生激励作用（下文会有讨论），同时也会解决销售人员随着年龄增长逐渐不再适合部分销售任务，对其岗位进行调整的问题，以达到优化人员结构的目的。

除了销售人员管理外，销售管理也需要资金投入。销售费用管理包括销售预算制订、销售预算管理。在销售预算制订时要充分考虑到销售人员团队的开支规划，以及资源推广的资金需求，确保销售费用充足，否则会对之后的销售行动造成影响；在销售预算管理分配时应该按照不同的项目、区域和产品需求进行分配，以实现年度业务目标。例如，对于利润高、销量大的产品，可以通过增加销售费用来获得更好的销售效果；不同地区的情况也是如此，在消费能力强的地区，要加大投入。同时，还需要注意销售人员费用和资源推广费用之间的平衡，对需要销售人员多的项目要向销售人员费用倾斜，对重视资源推广的项目，可以适当增加资源推广费用的投入。另外，在销售费用总量上要注意与产品价格相匹配，对于低价、低销量的产品，投入大量销售费用导致成本上升是不合理的。

三、销售激励与奖金设计及销售绩效管理

销售激励与奖金设计包括奖金预算，奖金设计、沟通、实施和分析，销售竞赛、销售认可。为了保障业务目标的实现，销售奖金方案的设计要保证销售人员的积极性，对销售竞赛和销售项目的设计做出合理的安排。奖金设计是经营管理的一个重要课题，因为企业的目标、战略、行为和结果都需要依靠奖金来维系和实现。这是因为企业的成功取决于个人的贡献，而个人的贡献取决于他的意志（或动机）。国内外学者对人的动机进行了诸多研究，并形成了诸多假设，从“经济人”到“社会人”，又从“社会人”到“复杂人”，这包括两层含义：第一，经济因素仍然是多数人的主要动机；第二，就个人而言，经济需求在社会需求、经济需求和成就需求中仍占主导地位。除此之外，激励中还包括了职位晋升、假期奖励等。职位晋升通常与销售人员管理相关，对于业务水平高、经验丰富，但年龄较大的销售人员，可以将其从一线调至管理岗位，既可以激励一线人员提高工作效率，展现自己的能力，为公司带来效益，也可以作为人员结构管理的一种手段。而假期奖励通常在销售淡季，这时的销售压力较小，与其浪费劳动力不如给予其一定假期奖励，一方面这不会对公司效益造成太大影响，另一方面当再次进入销售旺季，得到充分休息的员工会更有活力。

销售绩效管理包括营销绩效KPI设计和业务分析体系建立。营销绩效KPI设计、业务分析体系的构建是指对销售绩效管理的KPI体系进行设计，通过数据管理和业务分析的构建及时发现问题并采取纠正措施。在著名企业中有一句流行的话是“Plan is Nothing，Planning is Everything”，意思是说只有计划等于什么都没有，只有在实施过程中不断动态调整，才能确保计划充分实施到位。因此，年度运营计划的完成并不意味着运营管理职能的结束，而仅仅是开始。运营管理职能部门需要将策略转化为具体

的任务和KPI，以确保实现目标所需的所有工作都完成了，最重要的是，是否实现的结果需要被明确。3D绩效设计模型如图1-13所示。

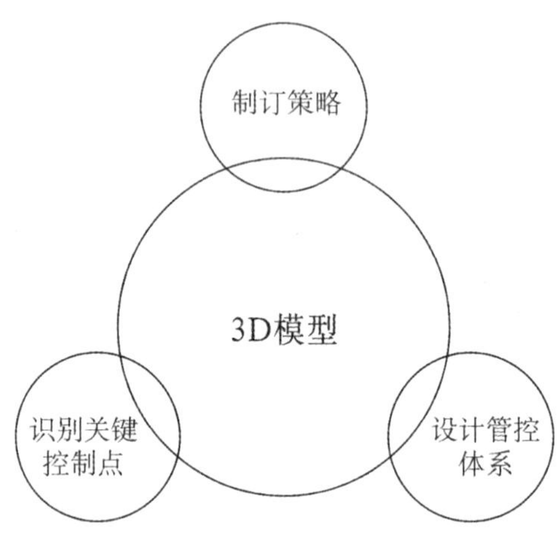

图1-13　3D绩效设计模型

3D模型需要关注以下三点。

一是制订策略（Develop Strategy）：为了实现商业目标，需要实施哪些战略？

二是识别关键控制点（Define Key Control Point）：为了确保战略的有效实施，哪些方面的绩效需要注意，哪些点需要监测？

三是设计管控体系（Design Monitor System）：需要什么样的管控体系来有效监控关键控制点？

还需要关注管控点，就是关注点，即需要关注什么。而KPI就是如何关注它，就是它究竟是好是坏。其结果是一系列行为和动作的产物，找出产生结果所需的行为和动作，并进行定性、定量的设计，以此来形成合理的绩效考核体系。

四、销售流程优化与销售管理软件

为了使业务运行更顺利，设计销售的过程需要优化。这些流程包括管理流程和业务流程。管理流程指的是何时分配和调整指标，以及何时回顾业务等。业务流程包括客户界面的管理、从线索到合同再到付款的流程优化，如LTC流程（Lead To Cash）。

销售流程优化应该秉持剃刀原理，即如无必要勿增实体原则，对冗余的流程进行删改，达到提高销售效率的目的。在优化流程时需要注意视角问题，管理层自上而下检查时通常会觉得自己的流程设计十分合理，想要真正找出流程可优化部分就需要和一线人员进行充分的交流，因为往往自下而上检查流程才能发现其中的问题。

近几十年来，企业管理领域的IT进程非常迅速，常用的销售管理软件有CRM（客户关系管理系统）、CPQ（报价系统）、BI（业务智能系统）等，一般由销售运营部门管理。

销售运营管理的一个突出趋势是将销售管理流程固化在IT系统中，这一领域的软件解决方案主要有CRM和BI。CRM系统作为销售市场管理的重要工具，在企业的客户画像和客户分析、客户分级管理、目标市场选择、指标配置、营销绩效追踪等方面发挥着巨大的作用。它在外资企业中已经流行了近20年，是狭义的企业销售运营管理的三大方面之一（狭义销售运营管理主要包括：数据分析、CRM系统管理、销售激励）。

快速带货的销售管理专栏2

美团：推动中国餐饮数字化

1.企业简介

2010年，美团网创立，主营业务为网络购物，旗下拥有大众点评、美团外卖等APP。

2.美团的春风行动

新冠肺炎疫情暴发后，美团研究院就对我国餐饮企业进行了问卷调查，共回收3万多份，结果显示，餐饮企业主要面临三个问题：现金流、客流和就业。餐饮行业的大多数小企业由于规模小、流动性高、替代率高，很难获得银行贷款。美团研究院的数据显示，近90%的餐饮商家资金短缺，其中26.8%的商家资金周转困难，37.0%的商家表示资金只能维持1~2个月，22.9%的商家只能维持3~4个月。为了解决这一问题，美团与多家银行联合提供200亿元专项贷款，缓解商家资金周转问题。

除了贷款支持外，美团还向商家提供一系列佣金优惠。虽然美团的佣金份额在2019年有所下降，但美团仍在2月推出了“春风行动”，将佣金返还给商家。行动内容是对全国优质外卖商户按不低于3%~5%的比例将外卖佣金直接打入商户的美团账户。这次行动的目的是帮助受到新冠肺炎疫情严重打击的商家，同时加速消费回暖。在2020年第一季度亏损，及多个季度仍无法正常营业的情况下，美团坚持采取返佣金、流量红包与补贴等措施而不是减免佣金进行价格刺激，因为价格刺激只在短期内有效，一旦价格刺激停止，商户减免下来的钱不一定会再投入到线上运营中，这对于平台是十分有害的。美团需要做的是带动外卖的增长，先增加收入，再减少支出，实现线上平台订单量的增加，这样的帮助才有意义。

在美团的号召下，商家逐渐意识到外卖业务的重要性，将服务转移到网上，并进行运营调整。对于美团平台来说，餐饮用户转向线上，商家通过外卖平台拓展业务以增加收入，这将带来更多活跃的商家。这就是美团保住生态链的逻辑。

3.推动餐饮行业数字化

王兴曾说过，餐饮业有800万家餐厅，它们非常分散，数字化能力非常弱，需要一个平台在技术上帮助他们。但要想真正留住顾客，商家还需要通过菜品的质量、服务水平等。因此，作为技术平台，美团一方面需要以创新为引领，打造数字化产品，帮助传统企业实现数字化；另一方面要融合发展，中国有800万家餐厅，它们都有独特的口味，颠覆他们是不可能的。因此，美团并不像其他科技企业那样完全颠覆传统的线下企业，而是充分发挥平台优势帮助商家。新冠肺炎疫情严重挫败了餐饮业，但并不意味着餐饮业将从此萧条下去，而是更有可能在新时代加速餐饮业的转型。美团外卖的加大投资，使餐饮业的互联网化和本地化更加突出，也使美团外卖与餐饮企业的绑定更加深入。这不仅是危机时期的短期策略，也是长期的战斗考虑。

4.发展总结

餐饮业是一个以体验为导向的行业，线上难以取代线下的体验。线上和线下的关系不是孤立和对立的，而是融合和互补的。作为一家互联网平台，美团通过协调与合作让餐饮行业真正迎来了数字化时代。餐饮行业的竞争边界不断被打破，协作就是战胜困难的关键。

（资料来源：作者根据多方资料整理而成）

第三节 销售的特点与作用

“纸上谈兵”和“实践是检验真理的唯一标准”告诉我们，任何理论不用实践进行验证修改都是没有意义的。本节主要介绍三种在实际中常见的销售管理模式，包括战略、运营、执行的营销循环，以及目标、人员、费用、策略和绩效的综合驱动和挖掘商业机会、优化资源配置、推动战略落地。

一、战略、运营、执行的营销循环

在销售管理中，战略管理、运营管理和执行管理是在不断循环进行的。

在企业运营中，战略管理起到了总领全局的作用，目的是充分利用企业资源，创造和保持竞争优势。战略管理主要有三步：认清企业使命，确立企业目标和制订企业战略。

明确的企业使命可以给企业指明前进的方向，激发个人积极性。企业使命主要由3个因素决定，即客户、竞争者、公司现状。而企业使命的组成内容则包括企业的客户画像，企业的服务内容，完成使命所需条件。

使命确定后就要将使命分解为一个个可以量化的目标，通常是利润、销售额、销量、市场份额等。

完成前两步后，就可以开始制订企业战略了。波特提出一般竞争战略观点，他认为企业的成功需要注重客户价值的创造，所以市场战略被分为三种：低成本战略、差异化战略、集中战略。

三种战略的定义和关系如表1-1所示。

表1-1　三种市场战略

战略类型	特点	内容
低成本战略	通过经验积累和严格的成本控制积极追求成本的降低	高效销售队伍管理模式低成本战略： 1. 广泛发展独立的销售代理商 2. 集中于交易型的客户关系 3. 巧妙设计管理结构，以使销售主管能管控大量的销售人员 4. 报酬多采取奖金的形式 5. 对销售人员的评价基本上以销售业绩为准
差异化战略	突出产品和服务的特色，提高品牌忠诚度，降低价格敏感度	高效销售队伍管理模式差异化战略： 1. 精心筛选独立的销售代理商 2. 注重长期客户关系 3. 巧妙设计管理结构，以使销售主管能集中管控少量的销售人员 4. 报酬以固定工资为主 5.对销售人员的评价兼顾日常表现与销售业绩
集中战略	集中力量服务目标市场，争取特定细分市场的销售份额	高效销售队伍管理模式集中战略： 谙熟目标市场的运作与机会，其他则视情况采用上述相应的价值创造战略

确定好战略后就需要对其进行运营和执行，包括产品开发管理、供应链管理和客户关系管理。

（1）产品开发管理。一家公司的成功或失败与它如何开发、制造和销售新产品密不可分，这就是为什么3M鼓励其研究人员将15%的时间花在自己选择的项目上。销售团队需要参与产品开发的管理流程，包括识别客户需求、推出新产品和改良产品。另外，销售团队的工作还出现了新的变化趋势，如图1–14所示。

工作变化趋势	• 销售配额体系变化，多数情况下会增加新产品的销售配额 • 培训计划变化，增加针对新产品销售能力的培训计划 • 监管计划调整，需要更多地陪同销售人员拜访客户，提供培训指导 • 报酬体系调整，包括佣金比例、销售提成方案 • 销售队伍结构调整，针对不同用户对销售队伍进行优化调整

图1–14　销售团队工作变化

（2）供应链管理。在供应链管理中，销售人员需要参与管理订单、定价及付款事项和管理渠道伙伴等流程。同时，销售人员的参与主要侧重最后的管理渠道伙伴。

（3）客户关系管理。可以说，这一环节的整体流程都需要销售管理人员的参与，可以说是销售管理真正的执行环节，包括识别高价值的潜在用户，了解产品的使用方法和用途，制订、实施广告和促销计划，制订和实施销售计划，制订和实施客户服务计划，建立客户信息系统，管理销售队伍，增进客户的信任和忠诚度，以及对产品进行交叉销售和升级销售等。

（4）通过制订战略—项目运营—销售执行的循环，销售管理始终贯穿着每一个流程，不断循环的过程就是一次次的营销循环。

二、目标、人员、费用、策略和绩效的综合驱动

无论经营哪种业务或领域，所有业务管理逻辑的核心都有五个问题。这五个问题是业务管理最核心的五个关注点，能将这五个问题回答清楚并具有完备的逻辑依据，说明这个管理团队是有能力的。反之，这五个问题没有很好地得到分析解决，管理团队的经营能力就会被质疑，可能导致管理团队的更替。这五个问题如图1–15所示。

业务管理五大问题	• 市场目标是什么，为什么？ • 人员如何配置，为什么？ • 费用预算是多少，为什么？ • 运营策略是什么，为什么？ • 预期目标达成后，期望什么样的绩效薪酬？

图1–15　业务管理五大问题

看似简单的五个问题，其实却并不简单。

（1）市场目标包括许多方法论，如市场环境分析、竞争分析、目标客户群体分析、目标设定及分解技术和流程。

（2）人员配置包括销售组织的组织结构设计，管理水平和最优管理的设计范围，销售团队确定合理规模，销售团队的培训等。

（3）费用预算包括费用项目的设计，确定各项目合理的预算价值，以及各项目费用预算在不同经营规模（费用类型、地区、产品）中的分配等。

（4）运营策略包括洞察市场战略（产品、价格、渠道、促销等）和市场驱动因素，以及竞争态势分析、产业结构分析、产品生命周期分析、组织能力分析、敏感性分析、相关性分析等。

（5）绩效薪酬包括绩效KPI的设定，合理薪酬水平的确定，薪酬类型的确定，薪酬曲线的设定，奖金如何支持企业战略的设计，以及绩效

分析等。

目标、人员、费用、策略和绩效五个因素是一个整体，结合在一起能良好地推动运营管理，综合这五个因素的运行模式可称为综合驱动模式。其中，目标、人员、费用和策略是四个相互关联的因素，它们相互作用，相互因果。管理需要基于这四个因素进行经营规划，充分考虑这四个因素之间的相互作用。

当综合驱动模式实际应用于企业管理时，还需要基于方法论系统构建全面的驱动管理模式，通过实施全面驱动模式，从高层到基层，通过四个因素和一个驱动进行管理，即企业从目标、人员、费用、策略四个因素来管理和制订年度经营计划，而绩效薪酬是驱动因素，需要围绕以上四个因素来设计。

三、挖掘商业机会、优化资源配置、推动战略落地

对于如何实现企业战略，各种各样的学术学派给出了不同的答案，但相同的是，它们都在寻求内部资源与外部环境的匹配。可见，企业要想实现愿景与自身现实资源的匹配，是运营需要解决的核心命题。

运营功能主要通过两种方式完成任务。

一是参与战略过程，为战略的制订提供信息和见解。运营管理部门是企业战略信息和数据的重要来源。他们清楚了解企业当前的市场、客户、产品、价格、渠道、组织结构、人员能力等许多实际情况。这些信息是制订企业战略的基础。

二是战略的制订，组织和分配资源以支持企业战略的实施和实现。有效地组织资源的实现策略，实现愿景和资源之间的匹配，并找到匹配过程中的偏差，提出校正计划。这一环节是实现战略的有力保障。

销售运营管理的核心使命是围绕商业机会增加分配资源。销售运营管理要不断探索“业务机会在哪里”和“业务增长点在哪里”，以机会为导向，以外部市场为导向，不断寻找外部市场机会。

销售运营管理应围绕商机和增长点不断优化内部资源配置，提高资源利用效率，使之有利于竞争外部商机。

为了实现上述使命，销售运营管理的工作框架可分为外部和内部两部分。

对外部主要进行战略分析，探索业务机会和增长点，目的是要回答清楚“商业机会在哪里”和“业务增长点在哪里”这两个问题。

战略分析一般包括四个方面的分析。

一是宏观分析，包括整体经济形势、区域布局、行业动态、竞争格局等。

二是微观客户分析，分析不同细分市场的客户动态、潜力、需求、增长等。

三是微观项目分析，分析不同具体项目的环境变化、项目本身属性、项目进展情况等。

四是内部资源配置分析，分析自身的资源调配情况、产品的销售情况和销售团队的销售效率。

对内则包括资源配置管理、提高资源配置效率和运营效率。

资源配置的目的在于调动企业内部所有可用资源，匹配市场机会，形成整体竞争力。资源分配要素包括以下几方面。

（1）五种核心要素。

第一，指标。指标能将市场机会具象化使之与内部资源配置要求相结合，科学合理的指标能对资源配置进行引导。例如，高指标配置意味着该领域（可能是一个地区、一个产品或一个客户）的市场机会比较大，分配给该领域的资源应该比较高。

第二，策略。外部策略分析的指向性应该为引导企业的销售策略，包括产品策略、价格策略、促销策略、区域策略、客户策略等多个方面。这些策略要与市场机会相匹配，还要对销售指标的形成提供支持。

第三，人员。销售人员要与市场机会相匹配，具体可以分为种类、人数、质量、结构等。种类是指所需业务人员的种类，如产品经理、销售顾问、一般销售人员和大客户销售人员等。人数是指各个种类人员的数量，通常由市场机会决定。质量是对各种类人员的素质模型考量，对于技术较高的市场，人员素质十分重要。结构是层次、管理范围和报告线的设计和规划。每个部分都有非常专业的知识，科学合理的设计，有助于有效地捕捉外部市场机会。

第四，费用。对销售费用进行合理规划和分配，包括市场活动费用、促销费用、礼品费用、客户接待费用等。在不同的费用主体和不同的客户群体中费用的分配会影响外部机会的获取。最合理的布置是在高潜力市场配置高费用分配，当然实际执行中可能会有些许偏差。

第五，奖金。奖金应当被视为一种操作资源，包括销售奖金及认可项目等，要与指标和策略相互匹配，注意其输入和输出效率，把奖金给最优秀的销售人员才符合公司的战略方向。

（2）两种辅助要素。

第一，系统，上述战略分析、资源配置、配置效率都有赖于系统工具的支持。因此，企业如果有预算投入IT系统建设，将对运营系统建设起到很好的帮助作用。这类系统主要有CRM、BI、订单、报价系统等。

第二，流程，这一过程主要包括两类：首先是管理过程，是对企业整体经营周期的时间和行为进行规范。其中，比较知名的有GE运营系统，可以很好地规范企业运营中的流程和步骤。其次是具体的业务流程，即报价单和合同审批的流程规范。实际企业运营中，存在着一些复杂的项目，需要对大量的报价单和合同进行管理。面对产品种类繁多的企业，其审批流程烦琐，对其流程进行梳理和优化是提高运营效率的重要管理办法。

以上就是销售运营管理的核心工作框架。值得注意的是，销售运营管理的核心是数据，所有的战略分析和资源配置行为都是基于强大的企业数据中心。因此，销售运营管理部门往往需要一个强大的数据团队，并归到IT系统团队中。

快速带货的销售管理专栏3

泡泡玛特：抓住年轻人的潮玩品牌

1.公司简介

泡泡玛特成立于2010年，是一家集时尚商品销售、艺术家经纪、衍生品开发与授权、互动娱乐、时尚展览主办为一体的时尚文化娱乐公司。

2.中国泛娱乐市场趋势

泡泡玛特的成功显示出中国泛娱乐市场的一个趋势：脱虚入实。

中国潮流玩具主要受众为15~40岁。根据谷雨数据对泡泡玛特用户的调研，18~24岁的年轻消费者占32%，考虑到40岁以上的消费者受众较少，10岁以下消费者对潮流玩具的消费力较差，其占比22%的其他分类中的消费者大多为10~18岁。也就是说，90后、00后在泡泡玛特的消费者中占比超过一半。泡泡玛特用户年龄组成如图1-16所示。

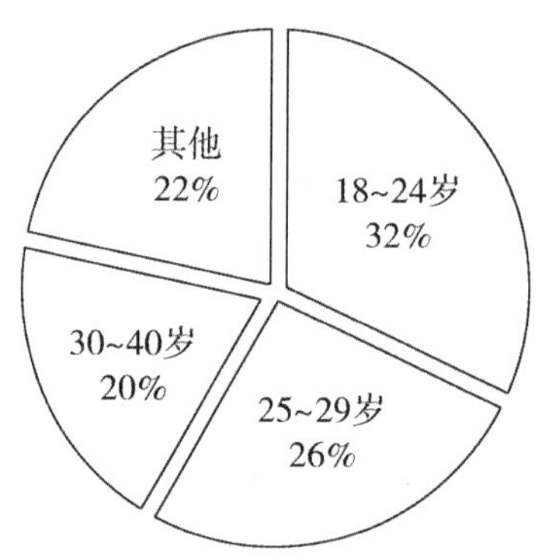

图1-16　泡泡玛特用户年龄组成

中国泛娱乐市场主要包括数字娱乐、实体商品和线下活动三大部分，如图1-17所示。

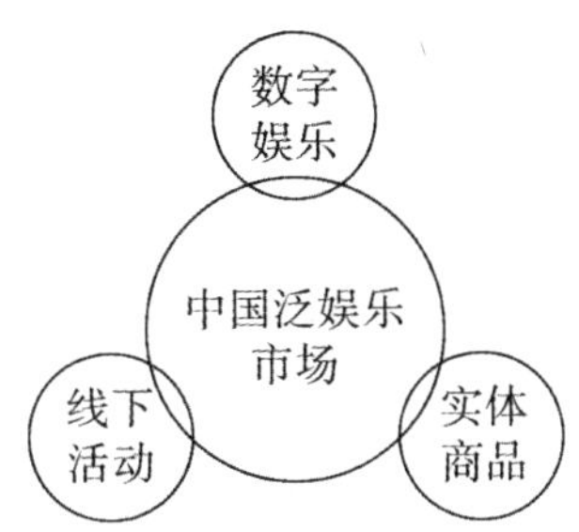

图1-17 中国泛娱乐市场构成

据资料显示，随着人均收入及人均可支配收入的提升，消费者越来越愿意在泛娱乐市场中消费，从2015—2019年，中国泛娱乐行业市场规模增加了3889亿元，复合年增长率（CAGR）为14.8%。

大多数企业忽视了90后、00后的线下实体商品的娱乐需求。虽然互联网是90后、00后成长过程中的一部分，他们在网络娱乐活动的包围下长大，更习惯在互联网中进行娱乐，但他们带来的线下泛娱乐市场的增长同样可观。如今，网络连接下的现实感变得越来越重要，网络娱乐活动已经远远不能满足这一群体的年轻人。

3.泡泡玛特的营销模式

泡泡玛特是如何做营销的呢？主要有以下五点，如图1-18所示。

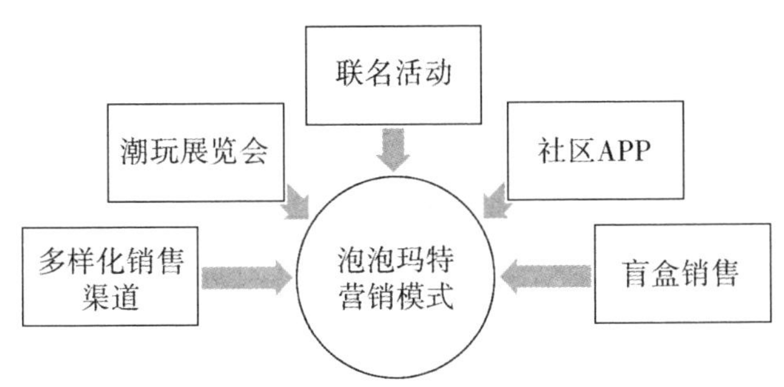

图1-18 泡泡玛特的营销模式

（1）作为一个时尚潮品零售集团，泡泡玛特有着成熟的、健全的多样化销售渠道。

根据泡泡玛特的公开数据，截至2019年12月31日，泡泡玛特在国内拥有114家线下直营零售店，825个创新机器人商店，并且已经进入韩国、日本、新加坡、美国等21个海外国家。

（2）潮玩展览会。很少有人认为没有故事的潮流还能举办展览，泡泡玛特率先开办了展览。2017年，泡泡玛特在北京举办了中国大陆第一届大型潮流玩具展，截至2019年已举办了五届。

（3）联名活动。泡泡玛特旗下IP，Molly曾和伊利、美心月饼等多个消费品牌合作推出联名款产品；PUCKY也在2018年圣诞节和喜茶推出了形象杯套和福袋；泡泡玛特还与综艺节目《明日之子》第二季合作，推出了“Molly明日之子限定款”。

（4）构建社区APP，形成潮玩文化圈。泡泡玛特自主开发了潮玩社区APP——葩趣。在葩趣中，同样喜欢潮玩的用户可以自由交流，分享共同的爱好，加入社区后还可以使潮玩玩家成为泡泡玛特的长期客户。

（5）盲盒销售。盲盒模式对泡泡玛特的重要性不言而喻，已经有很多人对泡泡玛特的盲盒模式做过分析，但需要补充的是，盲盒归根结底只是一种销售形式，其本身对产品力是没有影响的，但在营销层面上确是大有裨益。换句话说，没有盲盒这个形式泡泡玛特同样可以做潮玩，但是所产生的营销效果必定要大打折扣，盲盒起到的增益效果是肉眼可见的。

盲盒究竟有什么魔力，能让玩家如此疯狂呢？这就不得不提盲盒的一些特点，盲盒从形式上增加了潮玩用户的收集难度。几乎所有盲盒产品都是作为系列产品进行发售，潮玩用户肯定想要集齐系列内所有的玩具，包括其中的隐藏款（即限量生产，数量稀少的款式）。泡泡玛特完全可以把普通款潮玩原价售卖，而隐藏款潮玩高价售卖，只要用户花费固定金额就可以解决收藏爱好的所有问题。但盲盒模式把“买”变成了“抽”，变相地提高了收集难度，刺激了盲盒玩家的购买欲望。

4.发展总结

泡泡玛特有着成熟的IP开发、运营和管理能力，在泛娱乐市场环境变化之际，泡泡玛特通过潮玩IP成功获得了年轻一代的喜爱。同时，通过销售渠道、广告宣传、联名运营、社群运营及盲盒销售等销售手段的综合运用，建立了一整套围绕着IP，以潮玩为入口，盲盒为驱动的销售模式。

（资料来源：作者根据多方资料整理而成）

第四节　销售管理

销售管理八大方向之间存在着联系，如销售组织、人员与激励，销售计划与目标，渠道与促销，客户与信用等。如何调配管理好多个领域是现代销售管理的重要方向。

一、销售组织管理

第一，常见的销售组织结构方式有五种，如图1–19所示。

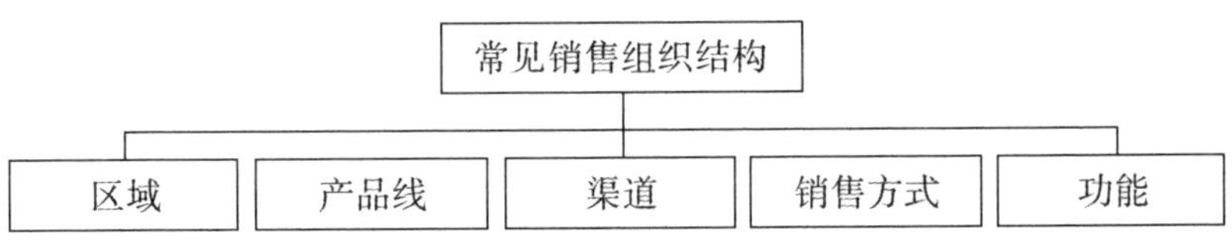

图1–19　常见的销售组织结构

一是区域。最简单的方法就是把国家划分成几个地区，这是大多数企业在发展初期都会采用的方式。例如，企业在北京、上海、广州和深圳设立办事处，各负责一个城市或省份的业务发展。

二是产品线。如果一个公司的产品线较长，产品更独立，那么销售组织的顶层设计将根据产品线设置。例如，华为按有线网络、无线通信、等产品线划分，立讯精密按照产品型号划分，联想按硬件、软件和服务等产品线划分。

三是渠道。如果一个公司的客户类型比较复杂，企业可以按渠道来进行划分，因为不同的渠道有着不同的倾向。比如，小米按照京东、淘宝、小米商城等线上渠道和线下自营的小米之家，以及第三方的授权店等多个渠道进行分割管理。

四是销售方式。有一些企业会根据销售方式来设计销售团队，如电话销售团队和面对面销售团队，这样分工的基础是客户的异质性，因此，可以把这种方式看作是按顾客划分，其与渠道划分有类似之处。

五是功能。如果销售周期比较长，产品比较复杂，企业可以按功能来划分销售组织。

第二，销售组织设计的总体思路有六大原则，如图1–20所示。

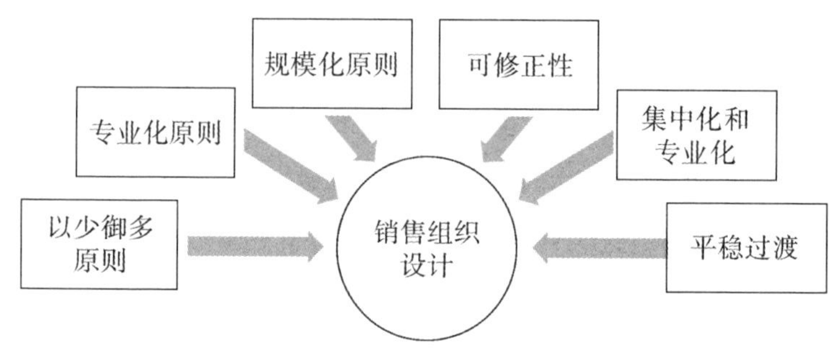

图1–20　销售组织设计原则

一是以少御多原则。其包括两层意思，第一层意思是说越往顶层，管理幅度应该越窄。一方面，由于顶层处理的事情更多、更复杂，较窄的管理幅度可确保工作效率和对市场的反应；另一方面，越往顶层，人才越稀缺和珍贵，在人才的可获得性方面，需要考虑可获得人才的数量是否充足。

以少御多的第二层意思是不同维度的变量数量，这与市场规模有关。市场规模越大，操纵的空间就越大，浪费就会减少。此外，它还与可用人才的数量和管理的幅度有关，如果顶部维度有更多的变量，那就意味着需要更多的人才库。

二是专业化原则。我们知道企业效率主要来自两个方面，一是专业化分工，二是协同。销售组织的设计也是如此。如果仔细分析大型企业的组织发展路径，可以发现它们刚进入中国市场时，主要是按地区发展业务，当业务发展到一定规模时，根据产品线或客户类型来划分组织结构。

三是规模化原则。规模化能让专业团队轻松共享、交换知识和技能。

四是具备可修正性。不同的组织结构设计方式，既有其优点，也有其缺点，但其共同的特点是要有修正因素进行偏差修正。这一原则就是为什么用混合的组织结构，而很少用单一维度的组织结构的原因。

五是战略性活动需要集中化和专业化。一般来说，管理水平越高，得到的关注和资源支持就越多。因此，企业的活动越具有战略性，就越应该提高集中化和专业化。

六是人员整合应以平稳过渡为原则。大部分的销售组织结构设计并不发生在企业的成立阶段，因为新企业的人员较少，不需要太复杂和专业的组织结构。因此，销售组织结构设计工作通常发生在运行的组织中。通常当组织达到成百上千人的规模时，通过这种方式，在现有组织结构的基础上进行设计和改变。需要注意的是，在这个时候，必须仔细考虑人员的整合。事实上，在大多数组织结构中，改变的最大阻力就是人员的整合。

第三，销售奖金设计有四个因素，如图1-21所示。

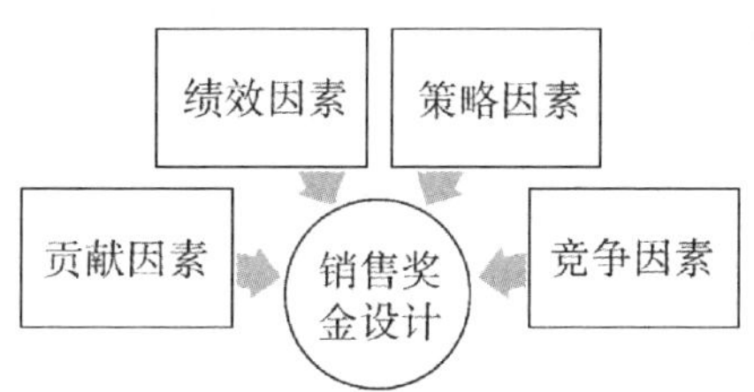

图1-21 销售奖金设计因素

一是贡献因素。奖金主要以贡献为基础，奉献水平越高奖金越高。

二是绩效因素。绩效薪酬主要是按关键绩效指标（KPI）的完成情况进行支付。在销售中，KPI是目标完成率或销售增长率。这一观点来自现代西方管理学，强调按绩效付费。

三是策略因素。销售奖金设计的第三个要素是要使销售奖金支持销售策略，这需要奖金设计师对整个市场情况有很好的洞察，对销售策略有很强的理解。

四是竞争因素。销售奖金设计的第四个要素是竞争，也就是薪酬的外部竞争。

第四，销售激励的设计可以根据策略系数和绩效系数来确定，如图1-22所示。

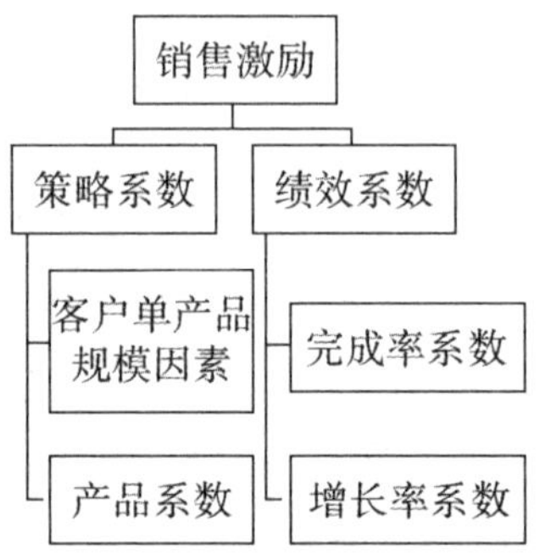

图1-22　销售激励设计

首先，策略系数主要有以下两项。

一是客户单产品规模因素。这个因素是指当单个产品的销量达到一定规模时，提成系数会在原来的标准提成系数上进行一定的波动。

二是产品系数。对公司的战略产品和新产品，我们给予2～3倍的系数来奖励销售人员的额外努力，从而促进新产品的销售。

其次，绩效系数主要有以下两项。

一是完成率系数。根据每个销售人员的潜力来设定新的一年的目标值。当超过目标值时，佣金系数会上升，反之则不然。这样可以更好地解决那些因为完成业务目标而懈怠的销售人员的激励问题。

二是增长率系数。根据销售人员的同比增长情况，设计不同的增长率系数，这样业务量快速增长的销售人员能得到较为理想的经济回报，并刺激那些目前业务量不大的销售人员。

快速带货的销售管理专栏4

十荟团：以社区为架构组成销售组织

1.公司简介

十荟团成立于2018年6月，是一家社区食材供应电商平台。十荟团的主要销售产品是果蔬、生鲜和家居用品等家庭消费产品，主要目标用户是二、三线城市社区中的普通家庭。

2.十荟团的销售组织

首先是线上组织结构，十荟团的线上销售模式类似于微商的线上营销，依靠每个社区内的社区负责人进行营销，基本流程包括介绍产品、转发打折等。这种营销方式需要依靠社区负责人的社会关系，必须要保证社区负责人在社区中和其他业主的关系较好，愿意接受他的推荐，而不至于反感。因为社区负责人是在经营自己的社区，大家生活在一个社区内，假若关系处理得不好，销售将事倍功半。对于业绩较好的负责人，十荟团还会对其给予激励性质的奖金。

关于线下引流，十荟团主要采用的是和物业、便利店等社区实体商家合作，只要是社区周边正常经营的店铺都可以作为十荟团合作的实体商家。双方资源共享，线下商家需要承担店铺的租金和管理，十荟团则负责出产品给商家促销。通过资源交换的模式，十荟团可以快速地扩大业务范围。

3.发展总结

十荟团的销售组织主要分为线上和线下。线上主要依靠社区业主之间的关系来拓展销售渠道，并且设立对应的激励机制。线下则主要依靠社区店铺，这些店铺可以为十荟团的产品提供储存和售卖服务，十荟团则需要负责产品的供应。双线并行，可以保证十荟团最大限度地覆盖到目标用户群体。

（资料来源：作者根据多方资料整理而成）

二、销售目标管理

直播销售目标的制订一般包括市场环境分析、竞争分析、目标客户群体分析、销售预测、建立市场目标模型，以及指标公布与修订，基本上市场营销学的市场调研、SWOT分析、客户分析、市场细分、目标市场选择等各种技术和工具都可以在这里发挥作用。销售目标制订如图1–23所示。

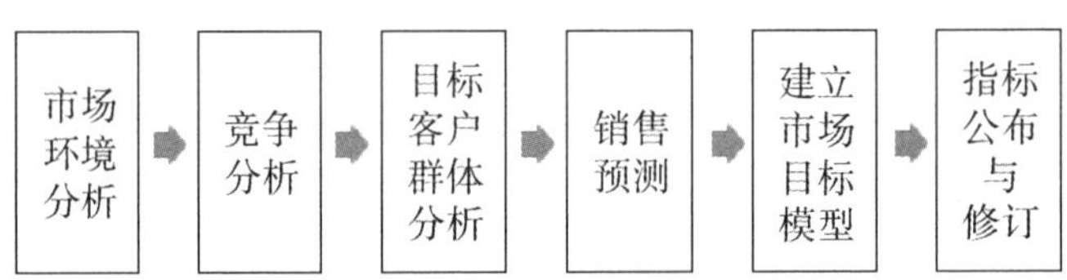

图1–23　销售目标制订

（1）市场环境分析。其主要是对整个行业的增长情况、变化趋势等的定性分析和定量调研，分析结果作为制订市场目标的参考依据。

（2）竞争分析。其主要目的是锁定主要竞争对手，了解竞争对手的增长情况和新的一年的目标策略。这需要企业在平时注意开拓可靠的信息渠道。

（3）目标客户群体分析。其需要根据不同的销售模式而使用不同的方式。对于流量式销售，目标客户群体分析需要对潜在客户数量、客户覆盖情况和客户消费能力进行研究，而项目式销售则需要对合作客户和潜在合作客户的合作可能性进行研究。

（4）销售预测。其指的是由对特定区域、特定产品、特定客户具有丰富经验的销售人员，通常为管理层，对特定区域、特定产品、特定客户的未来销售情况进行估算和预测，同时对未来的整体形势做出预测。

（5）建立市场目标模型。将前面收集到的信息作为设定目标市场的重要参考因素，建立市场目标模型。这个模型通常由两部分组成。第一部分是定量分析，即各区域、产品线、客户群在过去3~5年的历史数据，包括销售预测。第二部分是定性经验判断，主要是对市场变化因素的判断。

（6）指标公布与修订。进行自上而下，以及自下而上的沟通和微调。有的企业会在年底选择一个风景优美的地方，用2~3天的时间，召开封闭式年度战略分解会议，宣传和沟通各项指标。这个过程是市场计划制订的重要组成部分，即战前规划。如果在执行过程中存在风险，它将在这个过程中暴露出来。

三、销售渠道管理

销售渠道管理指的是企业的营销活动根据市场需求，依据企业销售策略，通过各种渠道规划、组织、控制和协调活动，有效集成和部署所有渠道的人力、财力、物力等资源，促进整体销售渠道提高经营效率和效益，从而实现以最低的成本为客户创造最大价值的管理活动。为了更全面、准确地把握销售渠道管理的内涵，可以从以下几个方面来理解销售渠道管理的含义。

（1）销售渠道管理的目的是为客户创造价值，实现企业的分销目标。从经济学的角度来看，企业的一切经营活动都是以利润最大化为目标，而市场竞争和争夺客户资源使满足客户需求和为客户创造价值成为实现企业利润目标的前提。因此，在渠道运营过程中，要注意渠道成员的功能分工与合作，及时、高效地响应消费者的市场需求及其变化，有效地为客户创造价值。

（2）销售渠道管理的对象是销售渠道成员，包括所有渠道参与者。

渠道参与者不仅包括渠道组织者，还包括其他渠道参与者，如分销商、代理商等中间商，以及客户和各类辅助经销商。为了提高渠道的运营效率，需要协调控制渠道成员的目标和运营行为，共同努力实现渠道的整体目标。

（3）销售渠道管理的主要措施是实施各种管理职能，包括具体实施渠道结构和成员的规划、组织、协调、激励和控制等管理职能。

（4）销售渠道管理的内容是指对各渠道功能流程的管理，包括物流管理、资金管理、订单管理、付款管理、促销管理、市场风险管理、信息管理等。其内容主要包括销售渠道规划、销售渠道实施和销售渠道控制三个方面。

首先，销售渠道规划是指企业生存和发展的内外部环境，结合公司的战略目标和渠道结构、布局及成员分工进行调整的设计和规划。销售渠道规划首先要考虑的是渠道结构问题，即确定企业产品要通过的渠道层次和每一级中间商的数量，并确定与中间商和渠道成员的合作方式。渠道布局是确定企业产品销售的空间范围和区域，需要在每个区域设置终端分销网络的密度，以及渠道成员应具备的相应资质。渠道成员分工是指渠道功能在渠道参与者之间的分配或安排。

此外，销售渠道规划还应考虑外部环境和内部环境的变化，在渠道结构的基础上，调整布局和成员分工，具有动态适应性，及时根据内部和外部的环境和条件的变化进行调整，以保持企业渠道的持续竞争优势。

（5）销售渠道管理的实施是指销售渠道的具体运作，包括渠道中销售任务和渠道功能的配置与操作，渠道成员间的冲突与协调，渠道成员为了完成渠道的任务和目标进行物流管理和信息管理。

（6）销售渠道管理的控制是指渠道成员为了使渠道参与者完成渠道任务而进行的评估、激励和控制活动，包括渠道成员关系的建立和维护、渠道动力的形成与应用、渠道冲突的根源及其管理、渠道成员的绩效评估和激励机制及控制等。

而促销管理是通过设计一系列吸引和刺激消费者的活动促进商品的销售。通过促销管理，企业可以将产品以优惠的价格卖给消费者，或是实现占据市场的目的，促销活动包括给消费者或分销商提供短期奖励。对于消费者来说。促销可以在一定时间范围内激发消费者的积极性，使消费者产生使用习惯和品牌忠诚度，并且可以起到占领市场的目的。

促销策略是指企业将产品信息传递给消费者时所使用的个人推广、广告、公共关系和商业推广等各种促销方法。根据促销方法的出发点和作用的不同，可以将促销策略分为直接促销策略和间接促销策略。

直接促销策略，即以直接的方式利用个人销售的手段，把产品推向销售渠道。它的功能过程是：企业的销售人员向批发商推荐产品或服务，然后批发商推荐给零售商，最后由零售商推荐给最终消费者。该策略适用于企业规模小或没有足够的资金来实施健全的广告计划的情况。

间接促销策略，是指通过广告宣传等方式使消费者对商品或服务产生兴趣，唤醒消费者购买需求，以达到促销的目的。它的功能过程是：企业引导消费者到零售商，零售商引导批发商，批发商引导生产企业。这一策略适用于市场广阔，产品多为便利商品的情况。

快速带货的销售管理专栏5

米哈游：中国游戏的文化输出

1.公司简介

米哈游成立于2012年，是一家专注于二次元文化的游戏、动漫公司。作为原创游戏厂商，米哈游开发了知名的《崩坏》系列游戏，并将其拓展为一个集游戏、动画、漫画、周边为一体的二次元文化IP。在2020年9月28日，米哈游发布多平台原创开放世界RPG游戏《原神》，游戏在海内外受到好评。根据Sensor Tower发布的“2020年10月全球热门移动游戏收入TOP10”显示，米哈游《原神》位列第一。作为一家新兴原创游戏公司，居然如此成功，这背后又有什么样的原因呢？

2.米哈游的成功之路

米哈游的作品都有着一个鲜明特点，那就是“萌”，这一词语最早出现于二次元中，与可爱意思相近。在最开始的目标用户分析中，米哈游就瞄准了喜欢二次元的年轻群体。从消费能力上来看，这些人肯定是较低的，但年轻群体的消费观念较为简单，对于喜欢的东西的购买欲较强。正是这个原因，米哈游将“萌”做到了极致，并成功吸引到了大批粉丝。利用极致的“萌”，米哈游也成功地做出了自己的特色，击败了其他游戏。准确的用户画像和有效的促销特点，使米哈游的收入节节攀升，但它的目标不止于此。

在一开始的市场定位中米哈游的目标就不仅仅是游戏公司，而是一个互联网科技文化公司。因为，一款游戏的生命周期不论再怎么经营总是有限的，所以米哈游一直在积极拓展漫画、小说和歌曲等其他文化产品的开发，构建完整成熟、丰富的IP。在米哈游的成名之作《崩坏3》上线之前，同名的漫画就已经开始连载，并且与游戏剧情互相补充，并且将原本按章节分开的游戏剧情串联在一起，构建了一个完整的“崩坏世界”。同时，也通过更多元化的方式吸引了大批游戏玩家。除此之外，米哈游还多次与肯德基、必胜客和罗森等品牌合作，推出联名活动，将原本的二次元文化成功的带进了三次元。

同时，在渠道方面，米哈游选择不用渠道商进行代理的方式发行了《原神》，这是游戏行业的一大创举。因为传统游戏在开发完成后，需要渠道商对游戏进行宣发、刻录、包装和销售，在这一过程中产生的成本基本都高于开发成本，所以通常情况下渠道发行商和游戏开发商对销售收入采取平分的方式。而进入互联网时代后，渠道商的作用被大大削弱。首先，宣发成本大大降低，可以在社交平台开设一个官方账号，或是在玩家论坛发帖宣传，通过这些方式就能够达到原先的宣发效果。其次，游戏也不再需要通过光盘等实体容器进行保存，玩家可以直接通过网络下载的方式获得游戏本体。最后，游戏的维护成本也就是服务器成本也在不断降低。这时若依然保持原先的销售收入平分策略对游戏开发商是很不公平的。《原神》的发行没有通过任何渠道商，米哈游自己就完成了全部销售流程，这也给之后的游戏公司做了一个示范。事实上，渠道的管理是需要随着时代的变化而变化的。在不同时代，渠道要随着市场环境、技术条件等客观因素而改变。

3.发展总结

米哈游的成功有三个关键因素。一是成熟的IP运作。在开发游戏之余，米哈游对文化IP的开发十分成功，解决了游戏生命周期短的问题。二是独特的游戏风格。二次元风格的游戏成功地抓住了年轻人的兴趣点，极致的二次元属性让米哈游在竞争中具有巨大优势。三是创新的渠道方式。在互联网时代下，传统的游戏渠道已经不再适合，并且成为束缚游戏开发商的枷锁，而米哈游的无渠道商策略是一种对全新模式的探索，就结果而言是十分成功的。

（资料来源：作者根据多方资料整理而成）

四、客户服务管理

在销售过程中，很多时候决定客户购买的不是产品本身，销售部门的客户服务也会成为关键因素。例如，电动汽车品牌特斯拉在早期推广时就曾经有过一项服务，那就是为购车用户解决充电问题，其中包括构建特斯拉充电站网络，保证在一定距离内车主能够找到充电站。无独有偶，OPPO也曾经提出一个充电服务，内容是在全国OPPO专卖店内，OPPO手机可以免费充电，且OPPO本身线下门店众多，这一服务可以很好地解决用户外出时的充电焦虑。往往一些很简单的小事就能够让客户更加青睐你的产品。

客户服务具体可以分为以下三个部分：售前客户服务、售中客户服务、售后客户服务。下面将逐步分析在客户服务过程中需要注意的要点及如何做好信用管理，信用的好坏很大程度上决定了目前这一销售管理是否具有可持续性。

1.售前客户服务

售前客户服务包括高质量的广告宣传、良好的购物环境，以及为客户带来便利。

（1）酒香也怕巷子深，哪怕你产品做得再好，客户不知道，那么也是白搭。所以广告宣传就十分的重要。一段惊艳的广告片，一张精美的产品海报，或者一段朗朗上口的标语都是很好的宣传方式。

（2）购物环境对客户的购买决策也会起到很大影响。一个很好的例子就是苹果公司，其实体店内部的装饰，座椅的高度和陈列架的摆放方式都是有着标准的，甚至连灯光的颜色和亮度都有严格的要求，而且在大型店铺内还会有类似于咖啡厅的小休息室，供顾客使用。

（3）在客户服务中还有一个极为容易忽视的点，就是为顾客带来便利。这里的便利可以理解为方便舒适，即类似于提供一些简单的服务或是场地设施，如上面提到的休息室或是等待中的零食和热茶等。

2.售中客户服务

售中客户服务包括帮助客户了解产品，满足客户合理需求，帮助客户挑选产品等。

（1）在购买前，客户有权知晓产品的详细信息，假设在介绍产品的过程中出现了偏差，将很容易引起售后问题。所以在销售管理中对于销售人员的培训至关重要，必须保证他们对产品足够了解，能够为客户提供熟练且专业的产品介绍服务。

（2）“顾客就是上帝”这句话大家都很熟悉了，所以对销售来说，听取客户需求，并且在合理范围内予以满足，可以很大程度的推动销售成功。

（3）在选购商品时，大部分客户对产品不一定十分了解。作为销售应该去了解客户的需求，并利用自己对产品信息的了解去帮助客户挑选到真正适合他们的产品。产品越合适，客户对销售的满意度就会越高，之后再次购买的可能性也会越大。

3.售后客户服务

售后客户服务包括售后三包，送货上门，安装服务，包装服务，电话回访和人员回访，提供咨询和指导服务，建立客户档案，妥善处理客户投诉等。在售后客户服务过程中以下几个常见问题要格外注意。

（1）价格变动。在一定时间内商品价格变动是十分正常的现象，但如果没有妥善处理就很容易引起客户流失。例如，某汽车在2019年年初将某一车型的价格大幅下调，导致大量以更高价格购买的客户十分不满，并且在之后的一段时间内，人们对特斯拉突然降价的恐惧感使其放弃购买而选择观望。

（2）服务速度变慢。在很多时候由于人手不足，以及企业经营不善等各种原因都可能导致售后服务速度变慢，但如果没有妥善处理就很容易使客户的体验感变差，从而流失客户。

章末案例

名创优品：让消费者更轻松地享受有品质的生活

1.企业简介

2013年，品牌创始人叶国富和他的家人去了趟日本，他发现，在日本有很多生活家居专卖店，其不仅质量好、设计美观，价格也很经济实惠，且大多数是“中国制造”。叶国富受此启发，凭借过去经营时尚连锁品牌积累的产品开发经验及供应链和渠道资源，在中国广州创办了“年轻人都爱逛”的生活好物集合店——名创优品。

2.名创优品的商业模式

名创优品门店可以分为两种，一种是合作店，名创优品和合作方需要先成立合作公司，公司由双方等额出资。这种店一般在国外，因为双方可以合作开发市场，保证门店能够更好地适应国外环境。另一种是国内常见的加盟店，加盟商需要支付特许商标使用金5万元/年，一次性收取货品保证金60万元，且当日营业额的38%（食品为33%）作为收入并经过24小时后支付给加盟商。店铺租金、日常水电费及员工工资等也需要由加盟商承担，而名创优品负责运营及品牌管理包括人员管理在内的事务。在名创优品的招股书中提到，每间店铺回收投资成本的时间在12~15个月内。

名创优品与供应商合作有三个原则。第一，以量制价，名创优品拥有数千家门店，在和供应商沟通时可以通过大量订货来压低成本。第二，买断定制，确定好订单数量和价格后，名创优品会要求定制买断，确保这一款货品只供货给自己。第三，不压货款，交货后15~21天名创优品就会向供应商支付货款，较短的回款周期对供应商来说具有很强的吸引力。由于没有品牌溢价及渠道商分成，在名创优品中一支眼线笔定价只有10元。

在新冠肺炎疫情期间，名创优品利用线下门店的广泛分布优势，配合线上购物平台以高效的送货服务率先实现了复产复工，开发出了全新的线上零售模式。

3.名创优品的盈利模式

名创优品的营业收入主要可以分为三部分，即销售收入、商标使用费和部分其他收入。其中，占比最多的是销售收入，在2020年达到了80.55亿元，占总收入的89.7%，特许商标使用金及管理和咨询服务费达5.88亿元，占比6.6%。

根据数据显示，销售收入占营业收入的89.7%，符合名创优品作为新零售企业的身份，但是在净利润中占主要部分的却是特许商标使用金和其他收入。

这是因为特许商标使用金的利润率极高，所以在净利润中有着很高的贡献。同时，其他收入包括门店装修费用等其他收费项目，对加盟制的名创优品来说，这部分的利润也是很可观的。此外，由于本身执行低成本战略，主打性价比，导致名创优品本身的销售利润很低，使销售利润的提升十分困难。

对名创优品来说想要提升销售利润有两个办法。第一种方法，向供应商要求降低价格。但这会导致供应商不满，严重的话会导致名创优品失去对供应链的控制或者产品质量严重下降。第二种方法，提高零售价格，但这又和名创优品一直以来的高性价比形象相冲突，容易造成口碑下滑。

对名创优品来说，销售产品只要保证不亏就够了。靠着产品和品牌建立的影响力，不断吸引合作方加盟才是名创优品主要的盈利方式。并且只要保证供应链不出意外，这一盈利模式很难出现亏损。绝大多数风险都由合作方承担，包括开店费用、运营费用等投入都是合作方支付。门店业绩良好，则名创优品和合作方都能获得利益；业绩不好，名创优品的损失可以控制在很小的范围内。

4.名创优品困境

名创优品在三、四线城市的门店很少，一方面原因是因为品牌目标用户是一、二线城市的平价消费人群，另一方面原因是开店成本过于高昂，总投资金额接近200万元，按照目前三、四线城市的经济水平和消费能力是很难支撑的。

2017—2018年的名创优品在国内快速扩张，平均每年新增520家左右门店，而进入2019年以后名创优品的开店速度明显下降。2019年全年名创优品仅新开约200家门店。

开店速度下降主要有两个原因，首先，线下店需要开在人流密集的区域，而这些地方的店铺寸土寸金，地价太高导致加盟商不愿意开店，而较为适合的地点都已经有门店，加开势必造成内耗，这也导致其进退两难的局面。其次，名创优品一开始瞄准的就是一、二线的中等收入群体，在经营成本较低的三、四线城市，名创优品没有目标用户。

5.竞争形势

名创优品爆火后，国内类似的杂货店品牌如雨后春笋般不断涌现，典型的如木槿生活、熙美诚品、尚优凡品、MIDI等。其中，MIDI收取的加盟费更便宜。MIDI采取直营式托管和加盟两种模式，前者店铺面积为80~200㎡，投资费用为26万~58万元，后者店铺面积为50~150㎡，投资费用为17万~41万元。

但名创优品哪是这么容易被超越的，名创优品成功的秘诀在于供应链的把控和产品的更新速度。名创优品在全球拥有1400多家供应商，拥有18座大型配送中心，同时大型的产品研发团队保证了产品的更新迭代速度。可以这么说，名创优品的供应链是没办法模仿的，所以名创优品不是容易被超越的。

6.发展结论

对于名创优品来说，新零售就代表着必须要打破传统的渠道销售思维，对客户需求及客户价值进行深入研究，在产品研发和供应链生产中积极参与，既要做到运营精细化和数字化，还要逐步探索出能够被目前市场所接受的规模化道路。

（资料来源：作者根据多方资料整理而成）

本章小结

本章主要讨论了新时代下互联网销售管理的新形势，介绍了销售管理的基础概念和知识，讲解了一些销售管理方案，以及在实际情况下要如何结合理论知识进行销售管理。需要注意的是，在商业模式创新的当下，销售管理应该根据商业模式进行一定的修正，而不是按部就班、一成不变的。并且销售管理在整个商业过程中不仅仅只是一个组成部分，而是慢慢地贯穿整个过程。销售管理与设计生产等环节的交流融合是新时代销售管理不可逆的趋势，所以要重视销售管理的完整性，加强其与各个环节的合作。

第二章

销售组织管理

一个好的销售队伍必须是一个诚信的队伍，你只有讲诚信，你才能赢得别人对你的尊重，也只有这样，才能赢得别人对你的信赖，才可能得到别人的支持。

——珠海格力电器股份有限公司董事长　董明珠

开章案例

华为“野蛮生长”的营销组织

1.公司简介

华为技术有限公司（以下简称华为），成立于1987年，总部位于广东省深圳市，是全球领先的信息与通信技术（ICT）解决方案供应商，专注于ICT领域。

2.商业决定了组织，注重客户，并将资源与商业需求结合起来

华为营销组织的配置是由目标驱动的，每一类组织都有自己的具体目标。为实现一个目标，华为就解决一个与组织建立有关的问题。其营销组织的核心是：确认价值、传播信息和建立信任。因此，营销组织的结构围绕着这三个目标设定。

从长期的销售周期来看，每个阶段都需要不同的资源投入。例如，当客户第一次购买产品时，营销、销售和产品经理需要更多的投资，不断地与客户沟通，并确认产品价值；当客户重复购买时，客户已经很熟悉产品，这就需要产品、服务和商业团队更加优化。华为产品营销部为推广新产品和开拓新市场做出了巨大贡献。当市场进入重复购买阶段时，产品营销部门需要重新设计营销方案。如果产品价值不足或信息传播强度不足，将导致销售量下降。

3.不断巩固和积累经验，将个人能力转化为组织能力

内部培训和交流对于积累经验至关重要。这一方法是怎么来到华为的呢？这可以归纳为不断优化销售方法和寻求解决销售问题的过程。

华为的客户经理总结出了一个叫作“九招制胜”的课程，所谓“九招”是指：解读客户发展战略、集团客户关系管理、发展教练、识别客户需求、竞争对手分析、差异化营销方案制订、营销供应商选型、呈现价值、运作项目。同时，在华为的销售用语中，还用“机会窗”“市场突破”“战略高地”等专有名词描述不同的销售时机。当拥有足够多的积累

后，对市场就会更了解，就会越来越从容。

华为有一种十分重要的理念，用来促进从个人能力到组织能力的过渡，这是一个简单且质朴的内部沟通、培训和传播方法，使工作人员能够轻松分享成功的经验。

4.长期发展才是决定因素

与客户的关系周期很长，第一次销售成功并不代表什么，持续、高质量的成功才是真正的成功。因此，华为积极、全面地探索早期销售的价值，并为后续的销售铺平道路。这是华为实现指数级增长和持续成功的关键秘诀之一。

总的来说，华为的销售方法没有秘密，不同之处在于每一步都非常细致，目标计划、执行、总结和审查也非常准确，并且逐步实现战略制高点和目标。

同时，营销组织也在逐步发展，将每一次的教训转化为经验，并不断完善，形成一支具有战斗力的华为营销团队。

5.发展总结

销售评估目标应平衡短期目标和长期目标，但是许多公司的销售团队只评估销售、还款、利润之类的运营指标，而缺乏对客户关系、客户满意度和市场模式之类的中长期目标的关注。绩效管理的首要目标不是对销售人员进行排名和划分，而是激励销售人员挑战更大、更长期的目标。

《华为基本法》中这样描述，实行员工持股制度，一方面，普惠认同华为的模范员工，结成公司与员工的利益与命运共同体；另一方面，将不断地使最有责任心与才能的人进入公司的中坚层。

这可以形成利益共同体和利益驱动机制，激活组织。员工持股构建了华为的组织稳定性并激发了员工斗志，所有成员都是为自己而努力，只有公司生存了，自身才能有机会。

（资料来源：作者根据多方资料整理而成）

公司团队的构建是从上至下，无论在每一个部门、环节，企业都需要思考如何合理的建立起强而有效的团队，根据不同部门的业务特性，寻找最适合的组织构建模式。相较于其他部门，销售团队的独立性及自由度更大，对企业人力资源部门的压力也更大。通常来说，企业构建销售团队时需要从不同维度去考量组织的构成、人员的发展及特殊的激励模式，我们将在该章节从组织、人员再到激励，一步步拆解并解释在构建销售团队过程中可能遇到的问题。

第一节　销售组织

销售组织结构的设计通常需要通过三个维度去考虑和分析，分别是岗位、人员和薪酬。在这三个维度中，深入挖掘其在销售组织中所发挥的作用及基本的调整方法。岗位指销售组织的整体设计，通常需要根据不同公司其本身的业务及性质来决定如何建立合适的销售团队；人员指为公司选择合适的人才，通过不同的指标考量员工的销售能力和意愿，同时使用适当的方式对员工进行考量；薪酬指销售人员获得相应的回报，薪酬的设立在于激励员工为公司创造价值，合理的薪酬架构会结合员工对公司实际的贡献等使公司利润最大化。

一、销售定岗

销售队伍的建立需要结合销售产品、目标群体和区域等不同维度来进行判断。在市场营销学中，我们经常能看到公司战略决定组织架构，换句话说，在公司建立自己的销售队伍时，需要根据公司具体的战略模式来完成销售组织的设计。而公司的战略模式，可以根据不同的地域、产品类型、目标客户和渠道等来决定销售队伍的架构模式。定岗方法如图2-1所示。

图2-1　定岗方法

1.产品型定岗

首先，不同的公司有不同的产品线，产品类别构成的复杂程度和成长速度也不同，公司需要根据其自身产品的属性来制订相应的销售岗位。产品型定岗指的是以产品作为导向来制订销售组织架构，在这种架构下，每一个产品或产品线会配备一个专门的销售团队，他们对这类产品的了解程度极高，可以为客户提供更加专业性的意见。

其次，很多公司可能有着不同的产品类别，同时也拥有着非常复杂的生产线，如一家苹果公司的生产线上有着不同的产品：手机、电脑和音乐播放设备等。生产线的复杂程度直接决定了对销售人员个人素质的要求，因为不同的产品生产线可能存在极大的差别，公司很难要求每一个销售人员或团队对公司整体的产品线都有非常深入的了解，而这也有可能导致销售人员在销售的过程中无法完整且精确地向客户介绍产品。甚至在一些极端情况下，企业可能拥有超过100种产品，在销售人员向客户推荐产品的时候，大部分时候无法记起所有的产品，对销售人员的负载过重会导致其专业度的下降，进而影响公司整体的销量。与此同时，销售岗位通常会涉及绩效奖励与销售提成的设计，销售人员会更加倾向于销售提成更高的大件物品，从而忽略掉其他边缘却有着高利润的产品，使公司整体发展受到损害。

最后，公司产品的复杂性取决于其战略和成长速度，公司需要在销售前期就对自身业务有一个基础的了解，如作为高科技公司来说，其发展速度决定了在未来其产品线的扩大有较为广阔的发展性，所以在制订销售队伍的前期，需要根据企业未来发展战略来决定其销售岗位的制订。

2.目标客户型定岗

首先，与产品型定岗相反的是目标客户型定岗，其指的是销售人员会负责销售公司所有的产品，但不同的是公司将会提前划分不同的客户群体。某些公司可能会有比较复杂的客户群体，所以公司通常会让某个销售人员或销售团队向某一特定类型的目标客户销售所有的产品，销售人员对特定群体了解更深的同时更能抓住其购买点及需求。

其次，这种定岗方式的主要优势在于销售人员会潜移默化地成为其负责目标群体的专家，能够快速理解该层次客户的需要与特定产品所存在的问题，同时也可以根据客户的消费模式和市场需求的变化及时调整销售策略，并及时反馈给生产线和销售团队进行改良，使公司产生良性循环。

最后，这种模式的主要问题在于当销售人员在面对一些专业性较强的问题或产品出现技术问题的时候，销售人员解决起来通常比较复杂和麻烦，需要协同不同部门的技术人员进行整合反馈，所以公司在执行目标客户型定岗时需要考虑对销售人员的技术支持，如对应不同的销售团队向他们配备专业的技术人员，在客户出现特定问题时，销售人员可以及时得到帮助。

3.区域型定岗

首先，区域型定岗指公司按照不同的地理位置安排销售团队的任务，如某个团队或个人专门负责某个地区的销售活动，在该地区的销售人员会负责向这片区域所有的客户销售公司的所有产品。这也是最常见的销售模式之一，在营销学中也被称为综合模式。在中国，许多企业会在不同的省会甚至大城市设立专门的办事处，让他们直接负责不同区域的销售工作。

其次，与产品型定岗相比，其最大的优点是销售人员不需要频繁的出差去面对不同地区的客户，省去了中间路途的成本，这一点在跨国公司中显现的十分明显，销售人员也不必面对时差、语言和文化上的差距。同时，特定销售区域的员工对当地文化和人文会有更深的了解，在与客户交流的过程中会更加顺畅，也会更加了解其负责的市场中所面对的竞争状况，如主要竞争对手、竞品有哪些，可以更好地对比产品的优劣势。

最后，其缺点与产品型定岗类似，销售人员无法完整地了解公司所有产品，往往他们会更倾向于推销他们比较熟知的产品而并非高利润产品，从而无法使整个地区的潜能充分的发掘。

销售组织管理专栏 1

海尔的销售变革

1.公司简介

海尔集团（以下简称海尔）成立于1984年，是世界著名的优质生活解决方案服务提供商。

2.在宏观市场下：个性化需求增加

海尔改革的核心在于围绕核心财务指标和一线员工激励的组织方法及工作流程的变化。我们将其总结为：组织已经变形，人和财富都繁荣了；培养了团队并积累了资源。

当“小需求”时代到来时，一切都改变了。什么是“小需求”时代？在这个时代，个性化需求非常明显，单个需求减少了，但是质量却提高了。

3.独立业务

过去，海尔的销售人员最关心销售情况，然后根据销售情况向高层申请费用和所需的支持，但他们不知道是否能批准或批准了多少。然后，财务团队使用批准的指标时，不可避免地与销售人员出现矛盾。

海尔为避免此矛盾设立了“个人的单一薪酬账户”。核心思想是澄清收支明细，保留足够的公司利润，并确定个人损益。对于最终的盈亏，海尔表达了一种生动的形式：温度计。它分为“损失、资本保全、合规、佣金和共享”五个级别，分别对应不同的个人收益。

“独立财务”是促进“独立管理”的基础。为了达到标准或至少节省成本，一线销售人员将积极寻求上游生产、物流、市场、财务，甚至人力资源的支持。同时，他们将尽最大努力减少对折扣的需求，甚至积极降低出差成本。

海尔的“倒三角形”确定后端“支持”不是“是否支持”，而是“必须支持”。因为后端所有部门的账户盈亏取决于一线市场中的自主业务是否赚钱，或者它能否顺利赚钱。

（资料来源：作者根据多方资料整理而成）

二、销售定人

销售人员的选择莫过于销售过程中最重要的环节之一，选择一个好的销售人员或销售团队，对公司整体的运转起着至关重要的作用。销售作为公司最终的变现环节，如何去选择正确的销售人员呢？我们将从图2-2中的两个维度去衡量一名合格的销售人员。

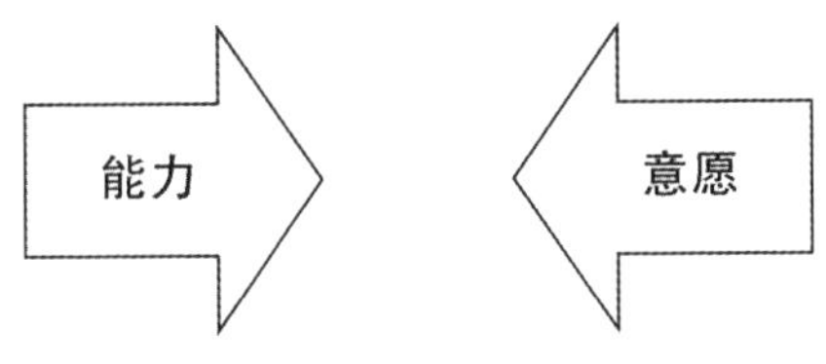

图2-2　选人标准

1.能力

销售人员的销售能力是人力资源部门最看重的能力，公司在选择销售人员的过程中，可以使用不同的方法，如面试或笔试去测试应聘者的销售能力，在其基础能力达标的情况下，给予应聘者试用期去测试其具体的销售能力。应聘者和销售人员一起工作，拜访常规的客户，进行现场观察，此方法的优点在于应聘者可以接受言传身教，了解工作的细节。如果他们发现自己不适合应对这些挑战，就会在被雇用之前自动放弃。当然这种方式的成本较高。销售能力的评判主要在于销售人员对产品的了解程度、沟通能力与态度，态度也泛指其销售意愿。

2.意愿

销售意愿指销售人员的销售积极性，即员工是否有意愿主动寻找、发掘市场内的潜在客户，同时也可以通过观察员工的职业规划来确定其晋升意愿。

首先，销售岗位对于人的性格和态度有着严格的要求，在过往的研究中，我们可以发现很多证据证明销售人员的销售意愿与公司的销售额呈正相关的关系。检测员工能否成为一个好的销售人员，可以使用个性测试来验证其是否具备特定个性特征，如销售人员的团队建设能力、进取心等，这些都是关键指标。或者，员工的态度可以对比当前公司现存的销售人员，看其是否具有较为成功的销售人员所具备的特质，如询问他们感兴趣的事情或平时的爱好。某电子公司的销售人员，其感兴趣的点有可能是电子产品，通过对照现有员工和应聘者对待同样问题的反应，找出适合的人员。这背后的逻辑在于每个公司都有着不同的产品，不同岗位所需要的个性特质不同，面试官往往可以根据此作为参考找出最适合公司的员工。

其次，意愿维度最重要的衡量方式是销售人员在销售的过程中能够从维持现有客户转换成主动出击，从不同的方面为公司销售上至管理，下至营销策略做出贡献及创新。举个例子，在员工试用期时，可以通过员工对当下模式的接受程度，以及是否有意愿去改善或对销售模式提出有建设性的意见进行衡量。

销售组织管理专栏2

贝壳找房如何建立其销售团队

1.公司简介

贝壳找房是一个用于寻找房屋的大型平台，具有全面而真实的房屋信息，以及拥有该行业的创新技术，如VR观看、房屋估价和合理的建议。

2.什么吸引着著名的学校经纪人

人才是每家公司的宝贵资源。公司的核心业务通常由极少数的杰出人才创造，并且在一定程度上影响公司的兴衰。例如，苹果公司原首席设计师乔纳森·艾夫领导了产品设计，对苹果公司产生了重要影响。

以贝壳找房为代表的房地产经纪服务平台的实质是服务，人才的提升是服务质量提升的基础。随着新住宅时代的到来，行业人才需要深入行业核心并了解行业，以及具有数字化愿景并了解互联网的复合型人才。

实际上，如今受过高等教育的经纪人已逐渐成为房地产经纪业的一种趋势。数据显示，2020年贝壳找房平台上250多个品牌的40万经纪人的整体学历超过了2019年的水平，大专以上学历的比例达到50%以上，其中北京和上海的新聘经纪人中本科学历达90%以上，已成为产业互联网的第一梯队。根据数据，截至2020年10月底，贝壳找房已帮助各种新的经纪品牌吸引了近5万名高校毕业生成为房地产经纪人。

此外，贝壳找房还推出了VR观看、AI讲座、AI装饰、在线贷款签名等产品，以实现在线闭环房地产交易，并进一步重建居民服务流程。同时，贝壳找房还为住宅服务从业人员的实际工作开发了一系列赋能产品，如“AI小贝”。通过AI模拟培训，代理商的服务能力得到了改善，并促进了行业的全面数字化转型。基于此，有许多著名学校的毕业生跑来应聘也就不足为奇了。

3.人才留存：培训与晋升

如果要留住优秀人才，不仅要有高薪，还要有完整的培训、晋升和淘汰机制。贝壳找房的核心是整体人才标准，并强调五种力量的人才标准，即用户力量、产业力量、挫败抵抗、合作和价值力量，强调员工理解行业和用户思想，真正深化整个行业。

贝壳找房从著名学校吸引大量人才的能力来自其自身的招聘、保留和管理理念。对员工，在招聘、培训、保留等方面建立分级和分类的专业培训系统，并通过轮换制度和学徒计划等创新模型建立了自我成长的机制。

此外，全面的人才培训系统对建立完整的职业培训周期至关重要。贝壳经纪学院为全国数百万经纪人提供新的在线基础培训和线下高阶赋能服务体验。这些课程涉及租赁、新房、二手房和其他商业领域，方便经纪人随时随地学习。同时，各种形式的线下活动可提供高水平的赋能，如公开课、企业内部培训、品牌大师研究俱乐部、管理咨询服务等，以深入探索品牌管理的痛点并帮助经纪人改善他们的经营状况。

贝壳找房还推出了薪资计划，并建立了以合作为中心的成长计划——“导师制度”，使高级代理可以向新经济人传授工作的细节和经验，并在90天内帮助新经济人成长为合格的经纪人。通过资源匹配、标准明确、实践教学等措施，提高了导师的透明度。此外，贝壳找房还为经纪人创建了专业能力证书考试，称为“经纪人高考”。

（资料来源：作者根据各方资料整理而成）

三、销售定酬

对公司人才的获取和保留来说，制订合理的薪酬制度是最重要的方式之一。薪酬制度的设立是为了让公司与员工都能从商业活动中获利，员工得到满意的薪酬会更加努力，使公司业绩得到增长从而形成良性循环。直接工资是我们最熟悉的一套薪酬模式，指员工每月都从公司获取固定的薪资，但这种模式对销售岗位并不适用。最常见的销售定酬模式莫过于直接工资+提成+奖励，其逻辑是通过提成和奖励来激发员工的销售意愿，所以公司在制订薪酬制度的时候需要考虑到员工实际对企业的贡献程度、成就感等，进行综合考虑。定酬考量如图2-3所示。

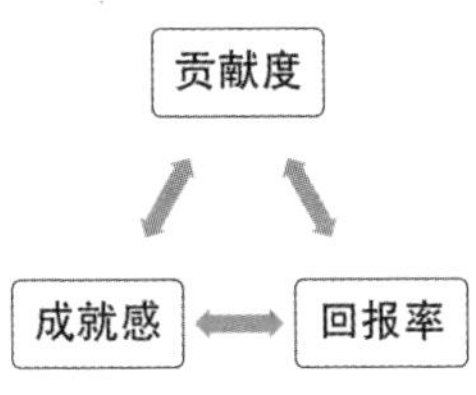

图2-3　定酬考量

1.贡献度

合理薪酬制度的存在是为了使公司能够从员工的活动中受益，所以将员工对公司的贡献度与最终薪资直接挂钩是最佳的方式。其常见的模式有："固定工资+浮动奖金"，贡献度通常会直接与公司的目标挂钩，如公司目标销售额等。

首先，固定工资可以保证员工每个月有固定收入，目标奖金可以激励员工努力完成公司目标。公司目标对销售岗位来说，通常为具体的销售额，员工在固定时间内达成不同的销售额会有相应的奖金，换句话说，员工对企业的贡献度越高，所获得的收入就会越高。公司的不同阶段对销售人员来说可能有着不同的目标，衡量员工贡献度的量化标准也会不同。例如，某些公司在进入市场的初始阶段，其主要目标是开阔新市场，打响公司的知名度从而获取潜在客户，量化销售人员的贡献度就是衡量固定时间内其微信好友的增长程度。

其次，贡献度定酬的主要问题是奖金金额存在主观判断因素，如多少销售额给多少奖金。原因在于量化贡献度是一个不确定因素，销售人员很难精准计算出合理的奖金数额。另外，贡献度如业绩等指标在短期内很难显现，这会导致员工的积极性下降。

2.成就感

薪酬奖励是大部分公司激励员工的方式之一，但有时候奖励并不能大幅度提升员工的积极性，其原因在于奖励与业绩之间脱钩。在销售团队的建设过程中，对员工的薪资奖励是重要成分之一，同时也不可以忽视对员工精神上的鼓励。

首先，薪酬奖励设置通常只有在奖励与业绩挂钩的情况下才能够激励到员工，而奖励不仅限于金钱上的鼓励。在公司团队的研究中，其销售人员所获得的实际成就（销售额）、责任和升职等，对员工的鼓励作用并不亚于奖金的奖励，所以薪酬奖励需要结合金钱和成就感制订出正确的激励模式。例如，单月销售冠军的高奖金和其所获得的冠军头衔，使他可以在销售团队中建立一定的声望，为他带来成就感和金钱上的双重激励。

其次，成就感的提升可以通过建立清晰的晋升通道，使员工有一个努力的方向。例如，员工对其未来的规划，在销售岗位上是希望到达一个什么样的职位，可以使他们对未来的目标更加明确。

3.回报率

薪酬方案的主要目的是引导销售团队取得业务成功，在实际情况中要达成这一目标并不简单。在过往的数据中，如果销售的压力过高，将会降低销售业绩。同时，由于销售人员很少能看到成本和规模经济的数据，他们并不会考虑销售哪种产品会使公司获得更高的利润，只会计算哪种产品可以为他们带来更多的奖金。因此，销售经理需要将销售人员的薪酬与实现利润最大化的岗位职能挂钩。

比较常见的方法是根据不同产品的总利润来确定支付的佣金。在这个方案中，佣金是在销售人员实现利润中提取的一定比例的提成。这样，他们就会尽力增加利润。从理论上讲，公司利润越高，销售团队的佣金就越高，销售人员从中获得的利润也就越多。一般来说，大件物品的销售人员，如汽车行业和房地产中介，其销售人员会根据每一笔销售订单的利润获得一定比例的收入，因此他们会尽力与客户讨价还价，为公司和自己创造最大的利润。需要注意的是，总利润提成方案并非适用于所有情况，其中一个潜在的问题是，它将引导销售人员争取高金额低利润的订单，避免小金额高利润的订单。

销售组织管理专栏3

阿里铁军销售

1.不轻易下放招聘权

许多中小型公司老板通常雇用高管，从中任命人事经理，由人事经理负责招聘人才。这是许多公司在招聘源头犯的最常见的错误——招聘权下放。这通常是公司人力资源管理灾难的开始。

阿里巴巴过去曾经跨四级招聘人才。例如，一个区域的总经理其下边有城市经理，城市经理下边有业务主管，业务主管下边是销售或客服，但是应聘的任何销售和客户服务人员都必须与该区域总经理进行面谈。一个区域每年至少200~300人流动。但在创建初期，马云亲自面试，包括前台、保安等，所以诞生出一些励志人物。

因此，招聘的首要关键是不要轻易下放招聘权力。

2.招聘的决策权在谁那

招聘不能只靠人力资源部门。招聘工作是公司老板和每个业务部门负责人的事，人力资源最多只能起到辅助作用。也就是说，招聘的决策权必须在业务部门中。

3.阿里巴巴提出，招聘的时候要闻闻味道

许多公司招聘人员时仅考虑该人员的专业能力和专业背景，并不关心其他事情，如该职位需要什么样的个性及需要什么样的非专业能力。

当时，阿里巴巴中供铁军员工录用的重要要素之一就是能够吃苦。招聘时你可以简单地问应聘者，你能吃苦吗？答案必然是：我可以吃苦。为解决这个问题，阿里巴巴设计了一个问题：请讲述到目前为止您遭受的最大痛苦是什么？例如，一位面试官认为他从上海坐火车去无锡，但没有买位子，一路站着去无锡是他遭受过的最大痛苦。由此可见，每个人的苦难定义和标准是不同的。

这种问题就是公司要关心的，即公司想要什么样的人力资源模型？在

此模型中，必须有技能模型和专业能力模型，以及非专业能力模型。

同时，需要注意的是，只要应聘者具备专业能力，就可以加入团队吗？团队需要有自己独特的品位，公司的独特品位是什么？公司应该找到一个具有这种品味的人的方法，而不是在招聘后改变他。员工如何真正受到激励？在自己的位置上产生动能，并为客户、公司和社会做出贡献。

（资料来源：作者根据多方资料整理而成）

第二节 销售人员

在长期发展背景下，企业的人员分配规划需要通过市场调研并结合销售队伍招聘情况进行定夺。与此同时，企业不能忽视销售人员的未来发展。数据显示，大部分销售人员需要半年的时间才能够在该岗位上独当一面，实现员工与企业共同成长，这也是销售培训的主要原因，能够有效提高销售人才的留存。

一、销售人员规划

销售人员的规划主要分成岗位的设立和员工数量。不同的岗位是指不同的责任划分制度，精细化划分岗位可以使每位员工都专注于自身的工作，承担起各自的工作和责任。

首先，在前文中，我们介绍了根据公司产品的特征来设定相应的岗位分配，而这一小节中将更深入地讨论员工数量及岗位的分配。无论哪一种定岗模式，公司在销售人员岗位分配上，需要明确不同岗位所需要的特质是什么。比如，销售经理作为销售团队的总指挥，需要拥有更广阔的视野和大局观，并根据市场信息和竞争对手策略制订相应的销售计划，指挥销售团队制订具有针对性的销售模式，其更多地承担了运筹帷幄和组织团队的任务，以及为团队勾勒出销售的大方向；销售人员需要有更好的沟通能力，对公司产品等信息有充分的了解，同时也能将市场信息反馈给高层管理者。让专业的人去干适合的事，这也是人员规划的第一步。

其次，足够数量的销售人员是公司在构建销售团体时的重中之重，同时对公司来说，这也是一件十分困难的事情。多少销售人员才是合适的呢？像过多的销售人员销售同一种产品会导致销售成本过高，销售人员无法完成足够的销售任务，从而导致他们的销售提成下降；过少的销售人员则会导致销售人员工作量超载，无法为每位客户提供优质的服务，同时也可能无法有效地与竞争对手抗衡。由此，我们推断出销售人员的规划与实际销量和维持客户关系有着千丝万缕的关系，那该如何推算或分析出适当规模的销售团队呢？我们通常会通过图2-4的三个方法去规划销售人员。

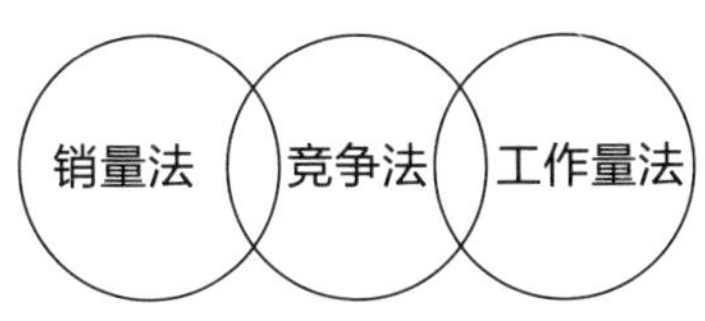

图2-4　人员规划的三个方法

1.销量法

销量法是指根据产品的销量分配销售人员的数量。例如，每销售10万元，就会分配一名销售人员。公司选择通过观察产品的销售来增加或减少销售人员的数量。但是，缺点是管理层很难对产品将产生的特定销售额做出准确的判断。在市场更加饱和的情况下，增加销售人员其边际收入会降低，并且销售人员过多可能会使真正需要开发的市场中缺少销售人员。

在销量法的基础上，越来越多的公司延伸出一套更成熟的方法——市场潜力法。顾名思义，根据市场潜力预测进行销售人员的分配，市场潜力预测属于市场营销调研，可以通过营销团队调研分析得出某个市场下的消费者对公司产品在一定时间内的最大需求量。

2.竞争法

竞争法是指根据市场竞争对手的人员部署来决定自身的销售人员数

量，常见于寡头垄断的市场内。寡头垄断是指在某一特定市场内，几家（超过并包含两家）公司占据着市场大部分销售份额，通常市场的利润率会因公司产品同质化降低，所以大部分企业会增加其营销力度。

除去广告营销以外，提高销量的最常见方式是增加销售人员，以量取胜。在寡头垄断竞争中，公司间对彼此人员配置、产品特点较为熟悉，可以根据竞争对手的人员部署来调整自家企业的销售人员数量。

3.工作量法

工作量法是指根据某一地区销售工作的总体工作量决定需要多少销售人员，并分配给每位销售人员合适的工作量，从而保障每位客户得到足够的服务。计算方法为根据公司在某一市场的总工作量除以每位销售人员的工作量，从而得出销售人员的数量。

通常，公司会通过搜集潜在客户名单来预测总工作量，如某一地区的潜在客户数量是150个，公司希望销售人员每个月可以到访每个客户2次以上。假如销售人员平均每天可以到访5个客户，工作量为5个客户/天，所以需要的销售人员人数为：（150×2）/（30×5）=2，故该地区需要2名销售人员。

工作量法相较于以上两种方法更为科学，但在一些无法量化的维度，如客户间距离、客户性格等方面，存在一定的局限性，无法准确地计算出面对每一个客户所需要的工作量。

总而言之，以上三种方式为最主要的人员部署模式。同时，企业在销售管理过程中还会考虑自身企业的实际情况进行匹配，通常这与销售人员招聘的难易程度、匹配程度和成本等因素有关。

二、销售人员发展

销售人员的作用在于帮助企业销售产品、为客户提供服务，以及建立客户和企业之间的沟通桥梁。有效的沟通能力、有技巧地向客户推销产品和客户关系管理都是可以通过学习来获取到的技能，对销售人员进行培训可以使他们更精准地识别目标客户，提升客户成交率。

时间——无论多有经验的销售人员在进入一个新的行业或公司之后，都需要有一定的时间去了解行业情况和企业产品特征。

质量——包括销售人员的销售技巧等。在不同行业、不同企业中，从产品、业务再到销售流程都会存在不同之处，企业需要有足够的时间去观察销售人员实际的业务水平，在这期间不可避免地会发现不适合企业的员工。

文化匹配度——包括销售人员的期望，以及发展意愿与企业实际情况是否符合，如合理的晋升渠道等。

下文，我们将阐述企业培训的缘由。

1.销售人员发展与企业战略的关系

首先，无论是从企业运营的角度还是对销售人员未来的发展，员工的培训都是必不可少的。销售人员的培训需要契合企业未来发展，其原因在于培训的目的及方向是与企业的年度发展计划紧密相连的。企业在进行年度计划时，需要提前考虑为销售人员配备什么样的技能以面对市场大环境下的变化，以及来自竞争对手的打击。

其次，换句话说，员工培训是为企业的战略目标所服务的，如在市场竞争激烈的情况下，销售人员不可避免地需要与竞争对手的销售人员进行针对性的竞争，特别是在产品同质化日益严重的今天，这个问题成了所有消费品企业面临的最大难题，那我们应该如何对销售人员进行针对性的培训呢？第一，需要培养销售人员的竞争性，提高其竞争意识；第二，需要根据市场价格的变动及时反馈给高层管理人员，以此面对恶性价格战；第三，需要深度了解产品特性，将自身的产品与竞品进行差异化对比，向客户凸显产品的价值盈余。

最后，企业的发展是一个不断变化的过程。企业的成长与销售人员的成长紧密相关，企业需要关注销售人员的未来发展。企业和员工是相互成长和相互帮助的关系。基于此，培训在企业发展中起着至关重要的作用。

2.培训销售人员的原因、作用和方法

许多企业在销售人员培训这一环节并不重视，认为培训所花费的成本过高且难以衡量其能为企业所带来的利益，担心员工在培训过后跳槽导致培训没办法得到应有的回报。可现实情况是非常多的销售人员没有得到相应的培训，无法正确地履行岗位职责，甚至连基本的销售技巧都无法掌握。

首先，相信很多人都有过在街边被健身房销售人员打扰过的经历，一旦你给了他们联系方式，他们会不厌其烦地给你发信息、打电话等，试问作为消费者的你面对这类销售人员的时候是什么样的感受？此类做法不仅会引起客户的反感，也会导致潜在客户的流失。足够的销售培训可以使销售人员掌握更有效的销售技巧、理解客户的真实需求和深入了解产品的卖点。

其次，销售培训的作用在于为企业提高单客成交率、降低员工离职率，同时建立更好的客户关系（见图2-5），销售人员的发展与提升其本质上是帮助企业发展。

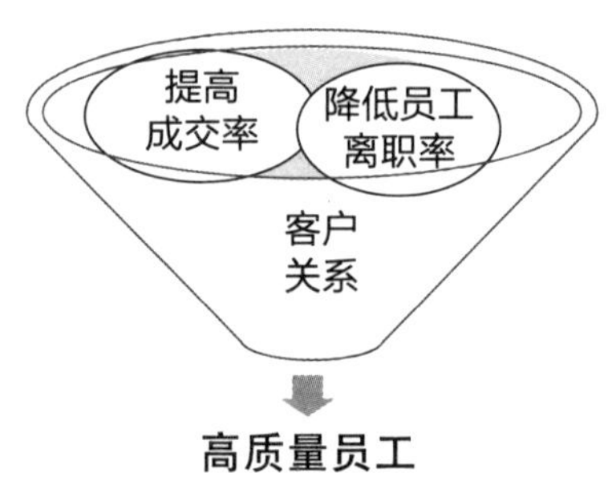

图2-5　培训人员漏斗

（1）提高成交率。

任何企业活动的最终目的都是为了让企业利润最大化（短期或长期），提高成交率便是培训的最重要的作用。培训能使销售人员掌握销售技巧，增加对产品的了解，从而高效地向客户推荐产品，同时为了提高客

户成交率，还需要认识到哪些人群才是真正的目标人群，以及不同潜在客户群体的需求。

（2）降低员工离职率。

员工离职率指离职员工的人数和原始员工人数的比值。许多新员工一开始对销售工作并不熟悉，不懂得如何高效获取客户，面对新客户时缺乏正确的销售技巧，导致其自信心受到打击而感到挫败，从而放弃当下的工作。首先，高质量的销售培训可以使员工满意，让他们实现自己的工作价值，并加深员工对公司的认同感，从而提高员工的忠诚度。其次，正确的指导使员工消除销售过程中的误解，有效减轻工作压力。简而言之，员工培训可以减少销售的不确定性，从而减少员工流失。

（3）建立良好客户关系。

相较于获取新客户，提升客户留存率是一种成本更低且获利更高的做法。懂得如何维护好客户关系，可以使该客户反复变现，许多客户都希望在与销售人员的沟通中尽快了解到自身所需的产品，这需要销售人员快速定位客户的需求。所以越来越多的销售团队开始制订不同的销售计划，以此满足不同的客户需求。作为销售人员，对市场现状、产品和客户需求有深刻的了解和足够的知识才能够向客户提供更好的服务。换句话说，通过更加优质的服务满足客户的需求，可以实现销售额的增长。

销售组织管理专栏4

海底捞的激励之道

1.公司简介

海底捞成立于1994年，是一家大型跨省直营餐饮品牌火锅餐厅，专注于四川火锅，融合了当地火锅特色。

2.激励机制

计件工资意味着更多的工作，更多的收入，并且收入是根据员工完成的工作量计算得出的。

例如，一家餐厅每天可容纳300人，10名服务员为300位顾客提供服务，每个服务员的收入为4000元。

后来，这家餐厅大受欢迎。接待的顾客数量从300人变为600人，顾客数量增加了一倍，服务员的工作量增加了一倍。即使将工资调整为5000元，员工也无法获得与工作量相称的薪酬，这给员工带来了新的不公平现象。海底捞的目标是将员工的工作量与他们的劳动收入联系起来，多劳多得，同时使劳动的数量和质量也联系在一起。

这种安排还打破了传统餐饮业员工之间的职位划分，即送餐人员仅负责送餐，而前台人员仅负责接待顾客。计件工资法可以激励处于不同职位的员工在高峰时期有效地完成工作，然后转到其他职位来填补空缺。原因并不复杂，因为他有计件工资。

在现代技术环境中，很容易进行科学、有效和准确的计件评估。这是现代技术条件和传统管理方法的结合。

3.学徒机制

学徒制是中国手工业非常传统和根深蒂固的制度。

在海底捞中建立的指导系统是经理与他所培训的学徒之间的联系，它解决了经理与员工，以及公司之间的问题。

经理培训了自己的徒弟，如果学徒担任新店经理，他们如何将自己的利益联系在一起？如果海底捞经理的学徒在外面开店，那么经理可以按照一定百分比获得学徒店每月净利润的部分金额，这为店经理创造了一个很好的激励机制：学徒越多，学徒的成功人数就越多。店铺越成功，奖励越高。

（资料来源：作者根据多方资料整理而成）

三、销售人员管理

好的销售人员与普通销售人员的区别在于其对销售岗位的意愿。销售意愿指销售人员对待工作的内在驱动力是否源于自己，能否主动地向客户提供有效的服务，以及主动去思考客户的需求是什么。在市场竞争激烈的大背景下，销售的观念渐渐从向客户推荐产品转变为满足客户需求，主动向客户提供价值盈余才能够真正地打动客户的内心，其决定因素在于销售人员能否将销售转变成主动式销售和主动管理。销售人员管理模式如图2-6所示。

图2-6　销售人员管理模式

1.主动式销售

主动式销售指销售人员会根据市场变化主动发现机会且为达成交易主动付出努力，其主要体现在以下几个方面，如图2-7所示。

图2-7　主动销售

（1）主动与客户保持联系。

销售人员需要主动发现市场机会，对自己的行程及工作有系统性的安排，如每天主要的工作是什么，什么时候需要去拜访客户等。销售人员要主动、有规划地拜访有潜在需求的客户，通常可以根据市场的变化进行调整，如某个客户单月订单数量下降，这个时候销售人员需要主动去了解是因为市场大环境的变化，还是自身产品或竞品的原因所造成的。

销售成交的背后是形成一条稳定的客户关系链，通过客户链不断变现，客户也会带动其身边的朋友，形成销售最终的裂变。

（2）结果导向追踪。

销售并不是一锤子买卖，通过销售达成交易为公司创造利润，这是衡量销售人员的基础指标之一，但是如何使产品能够反复变现，提高客户黏性，才是最符合企业长期发展的重要因素。

2.主动式管理

销售人员需要学会如何管理销售这份工作，从过程到结果有一个清晰且系统的流程。主动式管理如图2-8所示。

图2-8　主动式管理

（1）销售线索。

销售人员需要主动发现且整理销售过程中发现的线索，同时评估每一条线索数据对企业销售额、利润额等数据所产生的影响。

不同类型的产品在一定时间内都存在销售额的波动，这些细微的变化都能为销售提供帮助。例如，公司在某个月的产品销售额有明显的下降，销售人员需要主动探究其背后的原因，通过洞察市场宏观信息的变化去抓住线索，如家电行业，空调在冬天的销量会下降，暖气机的销量会上升，在销售额变化不大的情况下，利润率却下降了，究其原因是暖气机的利润率相对较低，销售人员可以通过市场调研了解在宏观经济稳步发展的大环境下，消费者对某一产品的价格变化敏感度，从而对产品的价格进行调整。

（2）评估成功率。

主动式管理销售目标客户可以帮助销售人员提高销售成功率，把时间花在正确的人身上。

销售人员在推销之前需要学会甄别哪一类客户的业务与自身产品的匹配度更高，同时对产品是有真正的需求。通过分析客户的主营业务及发展，销售人员可以把时间更多地花在成功率更高的销售活动中。

3.QRPE模型

销售成功并没有什么特殊的秘诀，简单来说就是通过销售人员的推荐使消费者进一步了解产品，并评估产品能为其带来多少价值。在推荐的过程中，如何说服消费者达成交易，也是评估销售人员能力的一部分，同时向更多的人推荐也可以提高成交额。由此我们得出：销售的关键在于推销质量+推销数量。

推销质量指在推销过程中销售人员所使用的技巧，包括给客户足够满意的服务、满足客户需求且准确地表达出企业的价值主张。推销数量指向足够多的客户推荐产品，且提高接触客户的频率，从而增加销售额。

综上所述，我们总结出了一套销售人员必备的推销模型——QRPE模型，如图2-9所示。

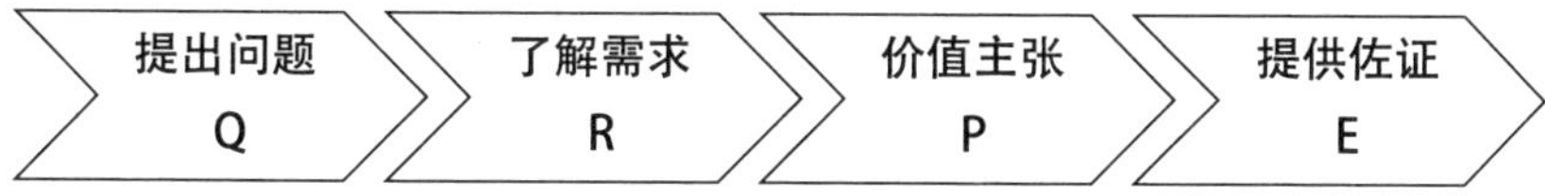

图2-9　QRPE模型

第一步，提出问题（Question）。

客户的疑问。在销售中，客户对企业及产品有着非常多的疑问，销售人员可以通过这些疑问寻找客户需求的蛛丝马迹。例如，当客户希望跟有经验的公司合作，对公司产品或服务的质量存疑，这个时候销售人员可以向客户介绍公司的一些成功案例以此加深信服度。在最开始面对客户的时候，需要对客户提出的问题进行汇总，从而发现客户真正的需求和目的。

第二步，了解需求（Requirement）。

客户的需求指客户希望从公司购买的产品是什么，包括其对产品的需求点。销售人员需要从客户的表达中了解到他们最迫切需要的产品及对产品的疑虑，包括价格、信誉和售后服务等。例如，客户可能会说“希望以最低的价格购买”等，这就要求销售人员能清晰地把握和总结客户提出要求的真实需求点，同时将该需求与公司的价值主张所匹配。

第三步，价值主张（Proposition）。

价值主张是指企业产品的卖点。优秀的销售人员能够将客户需求匹配到企业的价值主张之中，从而说服客户达成交易。如上述例子，客户希望以低价成交，我们需要及时找出产品在价格上的优势，如产品的性价比，对比行业内平均价格等。简单地说，就是将上述我们所收集到的客户需求匹配到自身产品的卖点上，从而提高成交率。

第四步，提供佐证（Evidence）。

提供佐证是指向客户提供信息以此来证明公司的卖点是匹配客户需求的。了解需求和懂得使用价值主张后，接下来就是如何证明你说的是真的。例如，提高产品质量的信服度可以说公司历史悠久、行业龙头及员工质量等，从而向客户佐证公司产品的可靠性。

第三节　激励管理

薪酬通常会由固定薪资+浮动薪资构成，在销售岗位中，通常固定薪资的占比偏低，大部分收入为根据业绩获得的浮动收入。激励性的薪酬管理制度可以有效提高员工的销售积极性，建立具有激励性的薪资结构，如提成、奖金等，可以有效驱动员工主动销售的意愿，本节将介绍构建激励管理模式的原因与方法。激励管理包括三方面，如图2-10所示。

图2-10　激励管理

一、设计运营绩效

绩效管理在销售运营之中是一个非常重要的管理过程。当一些销售任务及关键客户不能用企业所制订的 KPI 或目标进行衡量时，那么所有设计给销售人员的任务都有可能无法实现。所以在销售管理之中，将所有企业年度关键目标设计成可以量化的成绩指标是一个比较好的方法。

衡量销售人员任务完成度，即评价销售人员在各种销售管理维度上所采用的措施是否真正落地，这一过程就是我们为什么需要去设计绩效管理的原因，它可以帮助我们衡量企业销售人员一整年的工作完成度如何。所以销售部门需要根据企业的年度计划，建立起完善的业务分析体系，并且追踪销售人员对各个项目的完成度，以及分析其成功或失败的原因。很多时候设计绩效管理看似简单，如有些公司会认为销量越高，企业获得的销售额越高，其业绩就越好。可是简单的计量法有可能会使公司无法看见运营过程中的潜在问题，如获取高额销售量背后所产生的成本是多少，销售人员面对客户所需要花费的应酬成本，以及差旅费的成本是多少，光看销售量无法真正看出销售人员为企业所带来的利润有多少。所以，需要制订科学、合理的绩效管理方法，如图2-11所示。

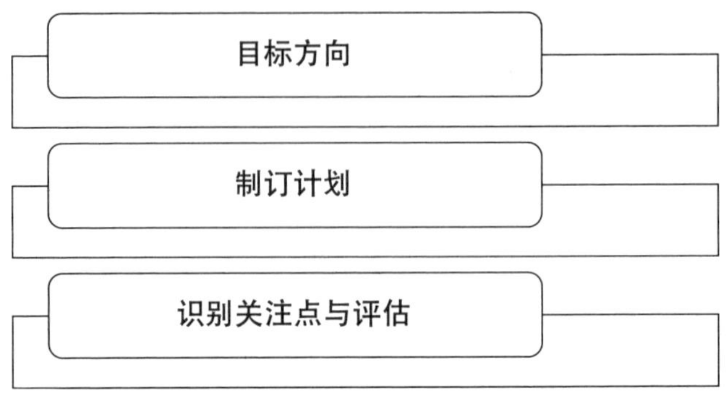

图2-11　绩效管理

1.目标方向

目标方向指企业高层管理者在评估销售队伍实际销售业绩时，需要他们完成的任务量，可分为企业总体销售目标和各层级的目标，具体包括销售收入、利润贡献、目标市场下所占据的市场份额，以及销售过程中所产生的费用比率等。确定企业目标后，为销售团队中各个部门及个人设定具有针对性且可行性强的目标，如某个区域的销售额需要达到多少，以及个人的销售目标是多少。除了销售额等直接为企业带来利润的目标以外，也可以额外增加对企业形象有利的目标，如区域市场份额的提升等。

2.制订计划

企业在确定团队及个人销售目标后，需要设计销售目标关键指标来制订相应的销售策略。

作为评价销售人员表现的具体指标，我们必须使该指标与整体企业的目标及战略相匹配。企业的战略与制订销售计划是紧密相关的，销售计划服务于企业的总体战略，如企业的战略为快速抢占各个市场区域的市场份额，那么在设立销售目标时，应该更关注市场份额的提升及销售额的提升，在销售成本及利润方面的指标可稍微放宽一些。而如果一个公司的整体战略为稳定市场占有率，希望企业的产品可以在市场具有稳定的地位，那么在制订销售目标的时候，应该更关注销售额是否稳定，销售成本是否降低等。

3.识别关注点与评估

制订相应的销售策略后，我们需要评估销售人员实际的绩效是否达到了实际的目标，包括销售人员对具体目标的完成情况，已经完成目标所花费的成本和销售额利润率等。在建立销售目标时，销售目标应与企业战略相符合。在观察销售人员对销售计划的完成情况时，应该更着重去识别哪些指标与企业战略目标相符合，如一些采取探索策略的公司，他们更关注一些成长性的指标，像销售额相比于往年提升了的比率、利润率提升了多少、市场占有率是否提高等。

销售组织管理专栏5

格力的绩效考核

1.公司简介

格力集团成立于1985年3月，前身为珠海经济特区工业发展总公司，是集研发、生产、销售和服务于一体的专业空调公司。

2.评估原则

（1）公平原则。

诚信是开发和实施员工绩效评估系统的前提。如果有不公平的行为，那么绩效考核就不可能充分发挥作用。

（2）严格原则。

如果评估不严格，绩效考核将仅仅是形式上的，毫无用处。松懈的评估不仅不能充分反映员工的真实情况，而且还会带来负面影响。评估的严格程度包括：①有明确的评估标准；②有严格的评估体系，科学、严谨的程序和方法。

（3）一次性评估的原则。

各级人员的评估必须由被评估者的“直接主管”进行。相对而言，直属经理最了解被评估者的工作成果，最有可能反映实际情况。间接主管（即总主管）和直属主管提供的评估说明未经允许不得修改。明确了评估职责，并使评估系统与组织的团队系统保持一致，更有利于增强业务组织的团队功能。

（4）结果披露原则。

应公开绩效评估的结论，这是确保绩效评估民主化的重要方法。一方面，可以使被评估者了解自己的长处和短处；另一方面，也有助于防止在评估中可能出现的各种错误，以确保评估的公正性和有效性。

（5）奖惩协调。

根据绩效评估的结果，应根据工作的规模和质量进行奖励和惩罚，这种奖励和惩罚不仅能在精神上激励员工，还必须与奖金等实质利益联系起来，如此，才能实现估值的真实目的。

（6）客观评价原则。

员工考核应基于考核标准，客观地评估考核材料，尽可能避免主观性和情感渗透。

（7）反馈原则。

评估（评论）的结果必须退还给被评估者。在提供有关评估结果的反馈时，有必要说明评估意见，确认结果和进度，说明缺点，为以后的工作提供有益的意见等。

3. 评估方法

（1）目标管理（MBO）。

允许经理和下属根据组织的使命进行协商，以定义组织随时间推移的总体目标，并承担管理下属的职责及子目标。

（2）平衡计分卡（BSC）。

平衡计分卡是基于公司的策略，将各种衡量方法集成到一个有机的整体中。它涵盖了诸如客户角度、内部流程角度等业务指标，并使组织能够一方面衡量财务绩效，另一方面侧重于无形资产的发展，这可以帮助公司赢得机会并具有增长潜力。

（3）关键绩效指标（KPI）。

KPI是一种绩效管理方法，可确保公司的战略目标执行到位，是公司成功的关键因素。

（资料来源：作者根据多方资料整理而成）

二、 建立业务分析

绩效管理是使企业能够更加公平地去衡量销售人员的业绩，将业绩与薪酬进行挂钩，同时，以绩效管理作为动力去驱动销售人员提高效率，这是大部分公司所采用的绩效管理策略之一。

首先是销售分析。销售分析主要考察的是企业及各部门、各产品线上的总体销售数据。对于销售人员的考察，主要在于其实际达成销售目标的百分比，以及相比往年的增长率是多少？达成率是指销售人员所达成企业设定的绩效目标占总体目标数量的比值，如销售人员的销售额需要达到某个数，则认定销售人员达成了企业目标。但是，我们在分析绩效管理的时候，也需要考虑到一些其他因素。

其次是工资及销售产品过程中所产生的成本费用。销售经理要对此格外重视，同时进行分析。在分析年度绩效管理目标时，企业通常会将广告的费用纳入销售成本之中，以此评价销售队伍的效率，这背后的逻辑是考量广告与销售人员分别为年度销售额的贡献程度是多少。

比较常见的销售成本分析，是对比销售额成本占销售额的百分比情况。如当公司产品的零部件成本过高，或者成本远高于竞争对手时，可以以此来衡量销售队伍的表现。业绩评估的作用在于通过对销售额数据的分析，为人员配置整体营销策略提供信息，同时，它也可以作为指导销售人员提高销售量及制订企业各项指标的依据，衡量销售人员的表现，为未来的营销计划、绩效管理作准备。

最后，企业可以把销售人员达成的结果转化成未来绩效考核的标准。

三、激励奖金设计

有位管理学教授曾说过："相较于吝啬的老板，员工更愿意为一位大方却脾气不好的老板工作。"绩效奖金作为在固定工资之上的浮动工资，可以更好地调动员工的积极性，同时在企业层面，销售所花费的成本会随销售额，即企业收入而变化。换而言之，使企业的发展与销售人员的收入建立强相关性。通过调研，我们发现奖金对于销售人员的重要度非常高，这也是为什么在制订年度绩效奖励机制的时候，企业都会花费很多时间去向销售人员解释激励机制，因为激励机制的设计涉及企业战略目标，清晰且有针对性的激励奖金设计可以在提升销售人员积极性的同时使企业的战略目标得到实现，加深销售人员对个人在企业中定位的了解。激励根据如图2-12所示。

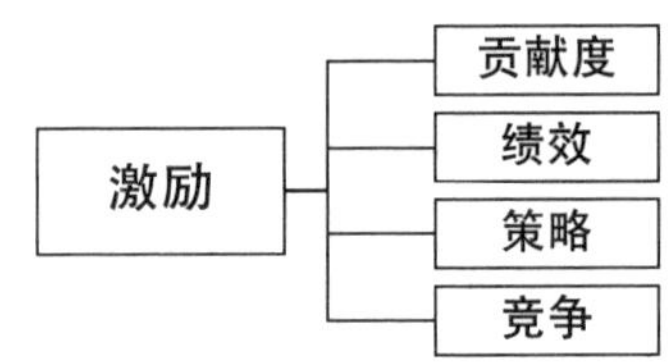

图2-12　激励根据

1.贡献度

贡献度指员工对于企业发展过程中所起到的作用，这也是激励奖金设计之中最重要的维度。举个例子，销售经理的工资比销售人员的工资高很多，其背后的原因就是销售经理对企业的贡献度更高。销售经理的销售任务直接关系到企业年度目标是否能够达成，如销售经理的销售任务是500万元，而每位销售人员的任务为10万元，就算销售经理只完成了80%的任务，销售人员超额完成了20%的任务，两者对于企业的贡献度也是高下立判的。

企业需要理解贡献度在设计激励机制时的重要性。企业所有的激励机制都是以结果为导向，对于企业贡献度更高的人应获得更高的奖金，贡献度是分配奖金时最重要的指导依据。我们经常会听到有些员工抱怨其在市场的实际价值与其薪资不匹配，但如果我们站在管理层的角度看，企业更关注的不是你有多高的学历、多好的背景，而是你在实现自我价值的过程中能够为企业提供多少价值盈余。

上述的例子可以总结为两个部分：一是从企业的角度，在制订奖励机制时，需要从员工为企业实际创造的价值出发，给不同岗位和不同贡献度的员工设计相对应的奖金激励；二是从个人的角度，获得更高报酬的方法就是为企业创造更高的价值，奖金的设立在于指导员工在正确的道路上实现自我价值，从而为企业的发展做出贡献。

2.绩效

绩效指销售的目标指标，销售岗位中都会设计KPI考核指标，将企业的战略目标转化成可以量化的目标，如销售额、增长率和市场占有率等，企业会根据销售人员实际的KPI完成度来支付相应的薪酬，其背后的逻辑即KPI完成率等同于企业目标的完成率。

在设计绩效考核时，需要考虑到不同市场及人群对于企业的重要程度，也就是我们提到的贡献度。不同市场下的销售人员的考核指标是不同的，这取决于市场容量及潜在客户的数量，如在市场容量更大的地区，相对应的销售人员绩效考核标准会更高，且奖金也随之更高。完成度只是考量员工是否完成其任务的标准，并不是其对企业贡献的标准，在更加庞大的市场中，销售人员对企业的贡献度更大，类似上述例子，在500万元的销售额指标下完成了80%，和10万元销售额完成了100%，两者相对比肯定是前者的贡献度更高，从而获得更高的奖金。

绩效可以衡量员工长期的发展潜力，虽然我们一直强调要以贡献度为基础，但是完成度可以体现员工个人的努力意愿，如果员工可以在正确的赛道上持之以恒地做出贡献，对完成度高的人进行奖金奖励可以有效提高员工的工作积极性。比较常见的方式是让销售人员根据实际销售额获得提成，也就是贡献程度，而在此基础上，设立完成度奖金可以进一步挖掘销售人员的潜在动力。

3.策略

激励奖励的设计需要围绕整体的销售策略进行。销售策略指企业为达成目标所设立的策略。企业需要根据其战略目标来部署相应的销售策略，同时对于市场整体架构有基本的了解。策略需要根据市场的变化而进行调节，针对不同的宏观因素制订相应的销售计划，这也要求在设计绩效奖励的过程中，需要紧跟企业市场目标及各方面的变动。

销售目标所采取的策略需要与绩效指标的结果相符合。常见的销售目标有利润最大化、应对市场竞争目标和提升市场占有率等。激励机制需要围绕不同的目标进行构建，使奖金可以真正地推动员工完成KPI。

4.竞争

竞争指激励奖金在不同市场、不同企业之间的竞争力，换而言之，企业所提供的奖金与其他企业之间相比是否存在优势，从而能够更好地激励员工，吸引更多优秀的销售人员，或是提高员工的积极性。

在设立激励奖金时，需要参考竞争对手为其销售人员所支付的激励奖金。特别是在市场竞争激烈的大环境下，如果想吸引销售能力更强的销售人员，企业所提供的薪资相对于竞争对手要更有诱惑力。同时，企业也需要对标不同地区的一线销售人员的薪资，并且保证有能力的员工可以得到更高的奖金。

章末案例

小米评估的OKR系统

1.公司简介

小米科技有限责任公司（以下简称小米）成立于2010年3月3日。它是一家专注于智能硬件和电子产品研发的全球化移动互联网企业。

2.OKR介绍

OKR（Objectives and key Results）代表目标和关键结果方法，用于定义和跟踪目标及其完成情况的一组管理工具和方法。简而言之，OKR是分解关键结果并加以实施以确保实现公司目标的过程。通过OKR系统，CEO的目标和公司基层员工的目标可以链接到网络中。OKR系统可以在项目目标实施周期结束时帮助每个项目团队实施其项目。

公司通过OKR系统充分整合总体目标和关键成果，在一定时期内实现为公司和团队设定的战略目标，将部分时间和工作用于公司战略和目标的制订，同时以易于理解的方式向所有员工清楚地传达制订的战略和目标，以帮助公司的每个成员清楚地理解公司未来的发展方向。每个人可以为企业发展贡献什么样的力量，并最终使企业目标保持一致，这就是OKR系统的核心价值。

3.OKR系统与传统KPI的比较

（1）KPI和OKR实际上是从目标管理理论体系衍生而来的，两者之间有一定的相似性。

KPI和OKR都具有相同的前提条件，即员工将充分发挥其主观能动性来完成设定的目标，而这种假设在传统的绩效体系中是不存在的。其次，KPI和OKR都遵循SMART原则，并且具有以下要求。

一是清晰。既定目标必须与公司战略紧密相关，并且必须能够正确地指导员工的日常工作。明确的目标还可以降低外部环境对公司的干扰，并防止其自身计划受到干扰。目标不明确会使员工在日常工作中迷失方向，导致工作效率低下。当企业改变其策略时，还应及时调整其各个级别的目标。

二是可测量性。在明确目标的前提下，所有指标应可量化。定量指标可以提高整个绩效考核体系的运行效率，同时定义了统一的标准，因此具有比传统绩效考核体系更高的可操作性。

三是可行性。企业的最终目标必须通过在一定时期内使用某些资源来实现。

四是相关性。KPI和OKR都以战略为中心，二者的系统设计和应用都为实现公司的战略目标服务。

五是时间限制。没有时间限制的目标本身就是不完整的。根据任务的难度和重要性，决策者需要给出不同的时限要求，以促进企业的高效运营。

（2）KPI和OKR系统之间存在很大差异。

KPI和OKR之间的最大区别在于设定目标的方式不同。KPI系统的设置方式由公司的最高管理层确定，并通过分层分解来实现。因此，它是一个自上而下的模型。而OKR的目标是由公司、部门和员工与上级协商后制订的。相反，它是一个自下而上的模型。因此，这两个绩效评估系统在很多方面都非常不同。

一是在公开透明方面。实际上，KPI系统的公开程度是不同的，公开内容和公开程度也不同，并且大多数选择不公开。OKR系统坚持对核心内容开放的原则。

二是在对员工晋升的影响方面。KPI系统通过各种指标进行评估，最终直接影响员工的工资、晋升和收入。相反，OKR系统与个人职业发展本身是分开的，这意味着OKR的评估结果不会直接影响员工的个人晋升。

三是在目标设定的难度方面。在KPI系统的设定中，目标设定的合理标准是员工可以充分利用各种手段完成目标，OKR的可实现性更强，难度系数高于KPI。

四是在强调过程管理方面。与仅注重结果的KPI不同，OKR结合了目标管理和流程管理。在关注目标能否实现的同时，它更加关注实现关键成果的过程。

五是在确定与目标的相关程度方面。KPI设计强调目标的重要性。OKR没有强调目标的重要性，与目标结果相关的任何信息都可以用作设定目标。

4.小米“Go KPI”绩效评估方法

小米的管理主要体现在两个方面：极其扁平化和“去除KPI”性能评估。极其扁平化意味着小米的组织结构非常简单，只有三个层次，即核心创始人—业务负责人—普通员工。他们的管理很少。在七个或八个合伙人之下有一个主管，该主管管理七个或八个团队，然后是普通员工。除了七个创始人有职位外，其他所有人都没有职位。他们都是工程师，并得到了晋升，唯一的奖励是加薪。这种极端的平坦度是对小米“移除KPI”的绩效评估的补充。

（1）使用客户满意度来衡量员工绩效，但没有传统的评估指标。

在KPI评估方面，小米没有KPI，但是没有实施通常意义上的评估指标。以路由器为例，路由器的销售情况如何？用户是否真的使用这些功能？传统公司追求总销售额，但是在互联网时代，小米追求客户满意度。也就是说，小米不将财务指标作为评估指标，而是鼓励员工以客户为中心，以客户对产品体验的满意为标准。例如，手机维修可以在一小时内完成，交付速度从三天提升到两天，客户呼叫连接率为80%。小米使用客户满意度来衡量员工绩效。

（2）“Go KPI”——一种变相的KPI改进方法。

在小米，员工进行的任何工作，包括产品的新功能、优化和维修，小米的管理层都能充分感受到并给出即时反馈，而不必等到年中或年底才集中精力以书面形式进行反馈。

因此，所谓的KPI删除实际上是对评估系统的一种改进，它消除了KPI设计中不合理的部分。换句话说，“Go KPI”是一种变相的KPI改进方法。

（3）管理层高度参与业务，可以快速而具体地了解每个员工的绩效并对其进行评估。

对于小米科技联合创始人黄江基而言，他和其他几位业务负责人可以独立完成对路由器和云服务等业务部门员工的绩效评估。黄江基认为，当管理人员高度参与业务时，他甚至知道哪些功能由哪些工程师完成。通过产品，他可以了解员工的贡献。

正是由于公司的极端扁平化，管理层才能高度参与业务，熟悉业务的各个部分，以便可以快速而具体地了解每个员工所做的工作及所取得的成果。

5.小米的“Go KPI”绩效评估来自何处

在小米，所有员工都是客户服务人员。通过给予用户高度的参与感，小米将管理员工的任务下放给了数千万的小米粉丝。因为有关产品的反馈直接来自用户而不是经理，所以员工对此会有更深刻的认识。用户的好评足以使员工获得难以替代的激励。同样，用户的批评和指责也给员工极大的动力。

因此，小米性能评估的指标来自用户。使用用户反馈来驱动开发，快速响应，强制管理改进，以及将员工留给用户而不是经理，让用户通过经验评估员工绩效。换句话说，如果用户感到满意，那么就说明产品已经达到了性能指标。如果用户感到有问题，表明产品的性能不符合标准，需要根据用户的意图对其进行改进，并且需要对用户进行定向。

（资料来源：作者根据多方资料整理而成）

本章小结

本章通过不同维度分析销售组织、人员及激励管理对企业的重要性，同时解释了常见销售组织构建的方式，其中包括企业将根据产品类别、市场竞争状况及市场容量进行销售队伍的组建。对于人才的发展以及留存，通过时间、质量及文化匹配度这三个方面，我们总结出员工的培训方向及培训的重要性，可以帮助员工更好地提升其对于企业产品，甚至整体销售目标的理解，在正确的赛道上与公司共同成长，从而使销售人员形成主动式销售、管理的习惯。不可忽视的是奖金对销售这一特殊岗位的重要性，合理的激励模式及奖金设计可以充分地提高员工的自主管理能力和工作积极性，将企业的目标量化，从而使员工与企业保持统一战线。

第三章

销售目标管理

我们一定要办一个轻轻松松的公司。顺势而为，登到山顶看到风景很漂亮，将山顶上的石头往下踢，这是小米要做的事情，如果小米是把一个一千公斤的石头运到山顶上，那一定没有现在的精神面貌。

——小米科技创始人　雷军

开章案例

河狸家：隐藏的独角兽

对于近年来以美甲为主要服务的O2O企业——河狸家，如果一个爱美的女孩在网上下订单，河狸家的手艺人会依照订单直接上门为她提供服务。这种方便快捷的运营模式使河狸家的手艺人和女性用户迅速增加，因此成为行业的领头羊。

1.河狸家的概况

河狸家创立于2014年，为用户提供美甲、美睫、美容、理疗、健身、美体、美发、化妆造型等“泛美业”服务。

2.河狸家的商业模式

（1）精准的目标客户群体定位带来商机。

河狸家自成立以来，先是开发了上门美甲这一服务，以做美甲为突破口，不断了解女生们的喜好，再开设延伸项目，如美容、美发、护理等。基于平台的横向联动效应，河狸家的用户黏性不断地增强。河狸家的用户多是中产阶级女性用户。这些用户具有忠诚度高、消费能力强、品味好的特征，河狸家抓住了这个特点发展自身，并且有效地吸引用户、招商引资。

河狸家的90后、80后用户占85~90%。以90后为例，很多90后更愿意有自己的空间，此时，河狸家上门服务的好处就得以凸显，因为河狸家能提供更加立体化的选择。因此，90后用户会倾向于上门服务的新方式，并且让他们能够更自主地选择自己想要的服务类型，这也使河狸家积累了大量的用户并加以推广。

（2）用非标准化的产品和服务吸引更多的用户。

河狸家的匠心体系为美业服务行业树立了一个好榜样，为美业的手艺人服务打通出一条连接消费者的渠道，通过手艺人在实施服务后接收的反馈，让手艺人从中总结经验且不断改进，以便更好地为消费者提供服务。

很多人追求个性化而非陈旧的标准化，非标准化的产品和服务，就是要凸显出你和别人不一样的特点。对于手艺人来讲，只有当你有独特的价值，你的手艺才能有一个更好的价格。在河狸家的匠心体系中，手艺人的定价与自己的星级挂钩，星级高的手艺人定价可以比星级低的手艺人高，没有统一的价格。河狸家的创始人雕爷认为不应该用一个统一的标准去衡量手艺人。雕爷以美甲为例，为什么在做一款美甲上，有的美甲师收费是这个价格，有的美甲师收费是那个价格，二者的价差来自美甲师的手艺差距。雕爷曾访问过那些美甲热爱者，她们说甚至不用等到这位美甲师上手做美甲，就能判断这个美甲师的水平。在对手艺人的培养中，对他们强调用户来河狸家不是找一款产品，而是找一位有本事的手艺人，他们忠诚的是手艺人而不是这个平台。好比美甲，如果一个美甲师做得很出色，就算跳槽去别的平台，也会有顾客愿意追随，而这样的忠诚顾客，就能大大激发这位美甲师的最佳状态，使他不断提升自己，甚至做出自己的品牌。一旦形成了自己的品牌，他们就会有成就感，有了做下去的动力。平台组织的手艺人一般以店铺为单位进行，而手艺人拉新手艺人加入，除了可以当新手艺人的师傅之外还能拿一定提成。但在成为正式员工之前，要先通过考核。试用期为三个月，扣除掉给师傅和平台的抽成，剩下的就是自己的。对手艺人的招聘要求并不太高，只要会基本的美甲操作，因为店铺还会培训他们。而对于工作制是全职或者是兼职，河狸家不做严格的要求，根据员工自己的情况选择即可。

（3）从APP到小程序，开辟新的战场。

在河狸家APP建立之初，其业绩增长速度很快，但推广的成本很高。对于很多人来说，他们不喜欢为了一个美容服务在手机上特地下载一个APP，因此，从2019年起，河狸家就开始尝试推出支付宝小程序，操作起来十分方便，用户在需要的时候，只需打开支付宝，在搜索栏搜索河狸家即可打开河狸家的服务界面，有什么想要的服务就在上面直接点击。

支付宝中的“搜索”功能，这成了一扇连通支付宝小程序和河狸家的生意门。搜索的最核心目的，一是需求匹配，二是快速直达。为了达到这个目的，河狸家在支付宝搜索中设置了15个关键词，如美甲、美容等词语。这些关键词都是根据业务场景的应用和用户偏好而设置的，正是这些高频的搜索关键词使河狸家每月用户活跃度迅速增长，从最初19年仅有的数千人，发展到如今的近百万人。

在2020年“双12”活动前，河狸家就做足了宣传，地铁上展示出了12月的活动海报，并且海报上展示了支付宝搜索栏搜索河狸家的操作；而且，把河狸家的手艺人的工具箱上面也印上了支付宝搜索河狸家，这大大增加了支付宝小程序搜索河狸家的次数，甚至仅在一夜之间，河狸家小程序搜索人数提升了102倍。此外，河狸家正在支付宝小程序开创了一元权益活动。这个活动就是让每位新用户仅需花一元，就可以体验各款单品和新人专属权益。在回头率上，河狸家对页面做了优化，整个页面布置得像是一个条理清晰的大卖场。这些新用户除了被一元活动吸引，还会被其他优惠活动吸引。在2020年的“双12”期间，河狸家通过一元权益活动及其他优惠活动，业绩有了很大提升。

（4）合作阿里，“实物＋服务”打造零售新场景。

2019年3月，河狸家与天猫商城合作，公布将在未来一同打造出零售新情景。2019年4月，河狸家与天猫精灵合作发布了“变美魔镜礼盒装”，该礼盒装中的天猫精智能美妆镜能够播放音乐、设闹铃、闲聊、仿真模拟阳光照射，使化妆者在家里也可以见到出门情况下光源的妆面实际效果。天猫精灵Queen还强强联手16家著名美妆护肤个护知名品牌，给用户做皮肤检验，检验结束还能出示相匹配的皮肤计划方案及其皮肤问题答疑解惑。用户还能够得到专享的肌肤护理指南，提交订单后就可以让河狸家的手工艺人上门服务出示服务项目。该合作实现了从线上到线下一体化，为用户打造方便、贴心的护肤体验。河狸家还考虑到了用户对美妆的需求，因此在天猫美妆一些商品的主界面插入河狸家的服务产品。

2020年9月24日，河狸家与天猫国际达成合作，天猫国际的商家提供给河狸家手艺人进口的美容产品，为下单的用户进行专业的美容护理服务，相关服务可以选择上门或者指定机构。由于疫情，更多的人选择在家精致护肤，这也使天猫国际业绩回血，摆脱困境。

3.发展总结

新流量的获取、品牌黏性的沉淀，需要时间，更需要好的战术。河狸家的成功，除了抓住机会进入市场以外，还在于它对目标客户把握精准，它能壮大也是因为在这个平台将更多的就业机会提供给手艺人，让手艺人在温暖的环境中提供服务，因此可以更有动力服务好用户，又借助支付宝开放的流量助力，源源不断地给河狸家带来新用户。河狸家为用户编织了一个完整的网络，无论是线上还是线下，都能在每个适当的节点上满足用户的需求。这个完整的网络能实施也得益于支付宝小程序的运营能力和客户管理能力，让河狸家开辟了新的流量战场。河狸家获得阿里巴巴的战略投资后，深刻地嵌入了阿里巴巴的新零售和本地化战略，并与支付宝、天猫国际、88VIP等平台实现了大量订单对接，因此，在阿里的全面授权下，河狸家已成为“双11”美容行业服务类的重要流量接受者。

（资料来源：作者根据多方资料整理而成）

第一节　销售计划

对于一个企业来说，如果把经营比作航海，经营者就是航船的船长。作为船长，得拥有导航地图、有丰富的航海经验，对要抵达的地方有清晰的认知，你的船员才会对你充满信心，你才有机会抵达目的地。这意味着，如果你想让你的员工对公司忠诚，与他们分享你对公司未来几年的发展计划是很重要的。一份优秀的销售计划能让员工充满干劲，并且它能有效地帮助企业配置资源、实施计划，增强企业的“执行力”。制订好的销售计划是一个企业力图满足目标市场价值需求的要素之一。首先是做现状分析，包括分析自身的资源和能力，了解当前的处境，明确未来的发展方向。其次是确定目标和战略。最后，需要制订适当的销售方案，包括各种预算。

一、现状与分析

在制订销售计划前，企业应该清楚自身的现状，并做出分析，这样才能制订出适合企业的、能让企业长远发展的计划。企业可从以下几个方面进行分析，如图3–1所示。

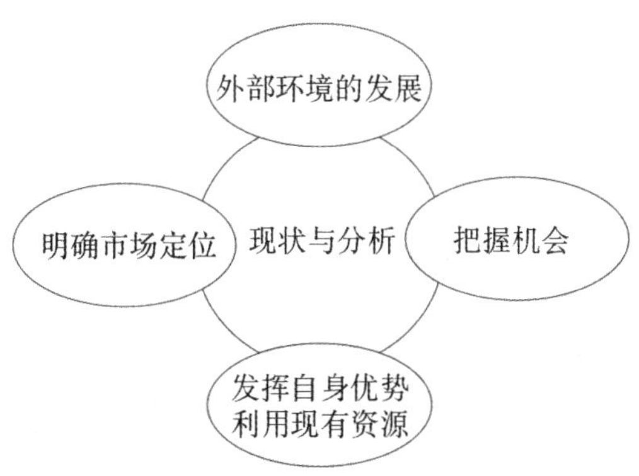

图3–1　现状与分析

1.外部环境的发展

了解外部环境包括政策的变更、法律法规的出台、时代的发展等，其中，对市场和竞争环境有充分的认识十分必要。外部环境分析的着重点在于发现和评析公司无法控制的外部发展趋势和事件。一个成功的销售计划必须利用主要资源来挖掘最具决定意义的机会。例如，好利来意识到自身的劣势，对店铺进行整改，打造超高颜值主题店和产品，彻底撕掉了“土味”标签，打了场漂亮的“翻身仗”，再度进入公众视野。

2.明确市场定位

明确市场定位是赢得销量的第一步，根据市场的不同需求创新营销模式，一个好的营销模式能给行业带来高利润。简言之，市场定位是企业或产品在顾客眼中的定位。为了跟竞争对手区别开来，提升产品的竞争力，塑造企业产品的鲜明个性或形象，市场定位必须考虑产品的各种特性和属性所带来的消费者利益差异，从而合理定位，获得客户的认可，然后打开市场。

3.把握机会

有效地抓住机会，有利于企业开发新品，改进旧产品，吸引同质化竞争者的顾客，进入市场细分。当年，百事可乐之所以火遍亚洲，因为百事可乐选择了张国荣做代言，而张国荣又在当年有着非常高的人气。邀请他来做代言，成功地让百事可乐走进年轻人心中。可见，善于把握机会，对一个企业来说非常重要。

4.发挥自身优势，利用现有资源

由于市场竞争越来越激烈，许多企业在产品成本、质量、供货等方面的资源几乎已发挥到最大限度，倘若能利用同质量或数量的资源去实现新的目标，对企业来说无疑是节约成本的大好机会。支付宝作为第三方支付平台，基本用户规模大、交易量大，市场份额是其他支付平台的数倍。支付宝作为全球最大的移动支付提供商之一，一直未满足于中国市场的需求，而是面向全球化发展。支付宝凭借其基础用户和海外用户，进一步拓展市场，吸引更多的投资，获得更好的发展。

销售目标管理专栏1

领跑新零售的生鲜巨头

1.盒马鲜生的概况

盒马鲜生是阿里巴巴集团旗下以数据信息和技术性驱动的新零售平台。

2.对目标群体有精准定位，下沉市场

根据数据，在盒马鲜生的用户中，典型的消费者是一线和二线城市中的精英。男性消费者占53.2%，已婚消费者占76.9%。这些消费群体的主要特征是高收入、高学历，有家庭和汽车。他们中的大多数人更加注重生活质量，购买力强大，注重生鲜产品的质量，不在乎价格。通过为人们提供一流的服务，盒马鲜生力求每日的新鲜蔬菜和新鲜海鲜与市场保持一致，并且也得到了回报。但是，新鲜食品是一个万亿级的市场，很难仅依靠主要城市的高端居民。下一步盒马鲜生将更贴近普通百姓的生活。

在对盒马小站和盒马mini的研究中，盒马mini主要销售散装的蔬菜，海鲜少、淡水多，价格较低。由于商店规模小，减少了就餐面积，盒马mini大大降低了硬件和装修成本，还运用独立的批发购物系统。可以说，盒马mini的投资成本不到盒马鲜生的1/10。未来，这种迷你店将被认为是对核心城市的盒马鲜生的补充，也被寄予了下沉市场的厚望。

在线应用程序购买，线下商店提货和30分钟的门到门送货服务使消费者可以在不离开家的情况下享受美味的新鲜食品。同时，盒马鲜生外卖盒子很卫生，在上班族中很受欢迎。盒马鲜生的营销模式严格遵循“惰性需求”，可根据年轻人寻求和喜爱的消费需求而变化。准确定位目标市场是盒马鲜生快速发展的前提，也是其拥有众多忠实消费者的前提。

3.自建一套供应链，降低成本，保证效率

从供应方面看，盒马鲜生不仅在中国占有500个生鲜产品基地，1/3的生鲜产品从战略合作伙伴那来，还推出了“盒马村”计划，通过与供应链体系和销售渠道的对接，帮助盒马鲜生成就现代数字农业。盒马鲜生实现了源头直购，减少中间商涨价环节。此外，盒马鲜生的另一个优势是通过集中采购，实现从质量、包装到价格的全方位控制。目前，盒马鲜生采取收购模式，获得了稳定的供应渠道和优势价格。

在仓储和物流方面，盒马鲜生已建立了33个多层仓库、11个加工中心、4个临时海产品和水产养殖中心，从根本上形成了遍布全国的冷链物流分销网络。就拿果蔬来说，冷链过程中断链率高达67%，损失率高达15%，而上海盒马鲜生的新鲜损失约为1%。新鲜的循环水车用于确保新鲜海鲜（如大闸蟹）的氧气和水的质量。为了控制运输成本，盒马鲜生已经实施了B2B2C冷链物流配送系统。该系统具有密集的存储策略，即从源到仓库、从仓库到商店及从商店到消费者的三层物流系统。与B2C新鲜食品电子商务模式相比，成本可以降低2/3。

盒马的智能悬挂链系统大大提高了效率，消费者下单、完成包装只需8分钟，日均结算是普通超市的五倍。在最后3公里的配送中，盒马鲜生创造了半小时配送的记录，这不仅是对及时性的提高，也是对质量的考虑。其实，3公里的送货时间是30分钟，真正的送货环节只有20分钟，只要这20分钟能满足客户的需求，离客户足够近，既能达到冷热的温度保证，又不消耗大量耗材。

4.依托趣味活动，增强客户黏性

持续消费才可以使企业维持运营，因此，如何提高用户黏性成为网络市场发展的主要突破口。盒马鲜生通过一系列趣味活动吸引新用户，提高老用户的消费黏性。

对于老用户来说，盒马鲜生推出了一款名为“养盒马领福利”的游戏。凡是在盒马鲜生消费过的用户都可以领取一匹“盒马”，并进行“喂养”，游戏规则就是养重它。每在盒马鲜生消费10元钱，这只盒马就可以变重1公斤，只要在规定时间内完成相应的任务，即可获得相应的优惠券等优惠。通过宠物玩法，将持续激励用户在盒马鲜生不断消费。盒马鲜生还利用消费数据设计出一个排行榜，旨在激励用户通过消费争夺冠军，获得“吃货王牌”。对于新用户来说，盒马鲜生是靠支付宝和淘宝上APP送的红包，以及大量的广告，促使大量潜在消费者使用券来享受盒马鲜生的服务。

5.发展总结

盒马鲜生的成功具有科学意义，对有形零售业的发展有一定的借鉴性。特别是它为线上和线下整合的有机过程铺平了道路，找到了解决方案，并增强了更多实体零售商迁移到新零售商的信心。数字化是实体零售业难以逾越的障碍，会员数字化是数字化的核心。只有及时了解客户，才能更好地了解客户需求，更好地管理客户和服务客户。

（资料来源：作者根据多方资料整理而成）

二、目标与战略

1.销售目标的制订

目标是企业根据自己的使命、愿景及发展目标来制订的，包括销售量、市场份额、利润及其他相关指标。彼得·德鲁克（Peter F. Drucker）最开始在1954年的《管理实践》一书里明确提出市场销售目标的管理方法。接着，他又明确提出了“目标管理方法与自我控制”的观念。

销售目标根据时间划分为年度目标、月度目标、指定时间目标。目标管理一般有三个步骤，从设定到实现再到评估。一个企业需要所有部门参与进来共同制订目标，明确各自的分工。在达成目标的过程中，各部门间要协调，及时反馈情况。实现目标后要进行总结与评估，如借用SWOT的方法评估，并把这些目标作为经营、评估和奖励每个单位和个人贡献的标准。

销售目标的制订需要遵循“SMART”原则，如图3-2所示。

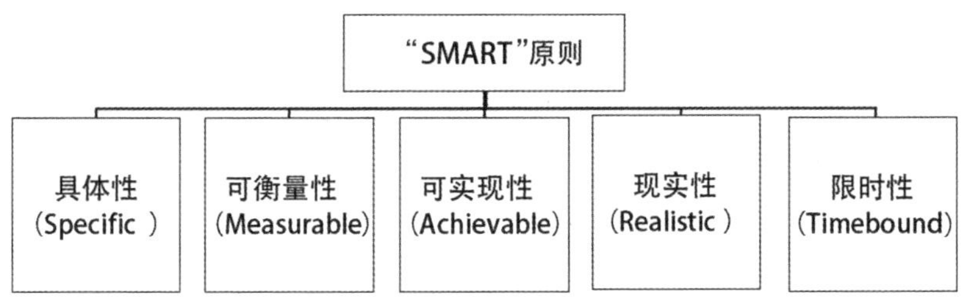

图3-2　“SMART”原则

（1）具体性（Specific）。目标必须明确，一次只能达成一个目标。如果目标太大，就要把目标分解成小目标，目标明确，效果明显。一个明确的目标是尽可能地把结果形象化，并用一句话把目标说清楚。目标有标准可衡量，也有实现目标的计划。

（2）可衡量性（Measurable）。结果应可衡量，并用于评估目标的实现情况。在实现目标的过程中，目标的进展是好的，是可以衡量的，至少有几个关键事件可以代表目标的进展。在实现目标的过程中，一些实现目标的交易或关键交易可以量化。

（3）可实现性（Achievable）。目标是建立在现实的基础上，不要好高骛远，要切合实际。

（4）现实性（Realistic）。销售目标要与具体业务紧密联系，使其集中体现在具体市场销售全过程中。在设定目标时，一定要用心剖析具体情况，在总体目标中设置必须改善和影响销售额的要素。

（5）限时性（Time-bound）。设定目标必须有时间限制，这样目标就不会因为长时间的拖延而无法衡量。而这一点往往被忽视，没有时间限制的目标等于没有目标。

2.销售目标的特征

弗雷德里克·温斯洛·泰勒（Frederick Winslow Taylor）的创新管理观念与传统的管理机制相比，具有以下特性。

（1）重视人的因素。目标管理方法是一种参与度高的、民主化的、自我控制的管理方案。它也是一个融合本人要求和机构目标的智能管理系统。

（2）建立目标锁链与目标体系。管理层根据一个专业设计方案，逐渐建立机构的整体目标，并将其转换为每一个部门和每一个职工的子目标。从机构目标到业务流程模块目标，再到单位目标，最终到本人目标。在目标分解的过程中，部门和个人的支配权、义务和权益得到了确立。目标一致，工作密不可分、互相配合，才能产生统一的目标管理体系。一个部门或一个人完成了自身的子目标是不行的，完成公司的整体目标才算最终的成功。

（3）重视成果。目标管理方法起源于目标的建立，止于对目标结果的评定。工作绩效考核不仅是衡量目标完成的尺度，也是对人员考核和奖赏的根据。对于完成这一目标的实际过程和方式，相关部门很少干涉。因而，目标管理机制中的监管成分非常少，却能激励人更好、更快地完成目标。

一个公司要想取得成功，必须提高公司的市场占有率，而要想提高公司的市场占有率，必须采用详细的市场销售战略。市场销售战略是新项目为融入销售市场、提升市场竞争力而制订的计划和防范措施。市场销售战略有四个构成部分：产品、价格、渠道和市场推广。产品对策指融入市场需求的产品构造，包含产品种类计划、产品通用化计划、产品更新换代计划，及其产品多元化计划，明确提出产品的突破点，哪些产品要营销推广，哪些新产品要发售等。价格策略是指企业通过对顾客需求的估量和成本分析，选择一种能吸引顾客、实现市场营销组合的策略。渠道战略是指寻找新的突破点，或改变营销方式，或调整合作模式等。市场推广是指向市场销售产品，市场推广的关键是要明确市场开拓的环节和实际目标，还要明确每一个环节，最终挑选出关键的营销方法。销售战略如图3-3所示。

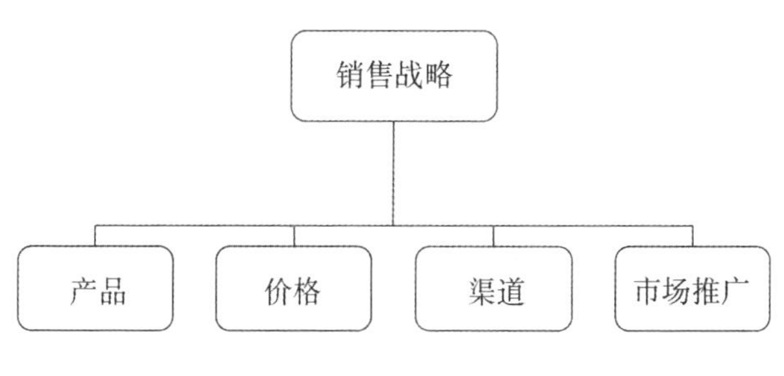

图3-3　销售战略

制订一个公司的市场销售战略便起源于对市场和客户的分析。根据分析的结果，公司得到鉴别具备相近要求的消费人群，继而对销售市场开始细化，挑选目标销售市场。营销战略的关键是体现出比竞争者更有价值的产品和服务项目，并使公司赢利。其中，消费者的行为分析是营销战略的基本，因为顾客对产品的反映决定了营销的成功与失败。

销售目标管理专栏2

白酒界的“文案大师”

在我们的日常生活中，少不了酒文化，其中白酒更是不可或缺的角色。我们离不开它，不管是老友间的饭局、公司的聚会，还是用来消愁。下面介绍一下白酒界的“文案大师”——江小白。

1.江小白的概况

重庆江小白酒业有限公司（以下简称江小白）是一家集高粱育种、生态农业种植、技术研发、酿造蒸馏、分装生产、品牌管理、市场销售、现代物流和电子商务于一体的综合性酒业公司。

2.洞察年轻目标群体，走文案营销道路

一个有远见的白酒公司对整个产业链应该进行详细、合理的布局。江小白在市场调查中发现，小曲清香型白酒已经存在了很多年，但是没有哪个品牌能够真正做深、做透，并且具有很大的优势：喝起来口感温和，度数也不高，比较适合年轻人的口味。因此，江小白决定让这种酒与其他牌子的酒不同。明确的市场定位是成功的前提条件之一。江小白发现很多中国人有“喝酒解忧虑”的习惯。从酒类这个制高点，江小白归纳出目标群体是在城市辛勤拼搏的文艺青年，因为这类人最有发泄情绪的欲望，这是江小白在市场定位上的“目标群体”。江小白的目的是为三五个朋友聚会而做白酒，而特色小瓶设计正是基于这个目的。

说起江小白，你绕不过他那“走心”的文案。江小白的文案几乎总能从不同的角度说出你想说却不知道该如何表达的话，每句话都在搅动你脆弱、敏感的神经。在各种交际语境中，它总能温文尔雅地表达对生活和饮酒的理解，并写出有故事感的文案。消费者看它那么了解自己，喝上一口，感觉压抑已久的情绪就会全部释放出来。江小白的贴心文案成了消费者选择的重点。因此，消费者对江小白的第一印象是“江小白不卖酒，卖的是故事”。

江小白的文案各式各样，在感情上，江小白会告诉失恋的你“躲得过与你生活的痕迹，躲不过酒后与你的回忆”；在你跟好朋友倾诉自己的苦恼，想要回归简单生活的时候，江小白会告诉你“周旋于生活可能被戏弄，简简单单地过才是生活”，这也正是江小白的品牌理念：我是江小白，生活很简单。江小白结合“敢说”的特点赞助《奇葩说》，抛出“我单纯，我敢说”的口号。江小白又会劝诫你少喝酒，联合权威机构中国警察网发起“劝止酒驾”公益短视频大赛，推出多组劝酒文案。江小白还推出了征集文案的活动，用户可以把自创的文案发给江小白，如果被选中，不仅文案有机会出现在酒瓶上，还可以获得一份奖品，这样能极大地激发用户的参与感，在传播上也起了很大的作用。

3.开拓多元化口味市场，发力果味酒市场

2019年，首届“江小白+品牌创造者大会”成功举办。期间，江小白对口味进行了问卷调查，结果显示，超过半数的用户认为江小白的度数太高、口味太浓，希望开发更多的新口味。此前，江小白一直在探索年轻人对酒的消费特点，如在酒中加入果汁、牛奶、茶叶等制作混合饮料，引导消费者创造自己的口味。因此，江小白利用“移动酒吧”向上海、广州等26个城市推出了混合饮料系列，给用户带来了更丰富的口味体验。

2020年的“6·18”节，江小白推出了一款新的果味高粱酒，它具有蓝莓味、青梅味等多种口味，酒精度数在15~23度之间，更适合年轻人的口味，同年9月升级为“水果立方”系列。目前，江小白拥有自己的酒类专家团队，已达到国内一线名酒企业的综合配置。水果立方的诞生是基于桃味高粱酒和“水果味江小白”的市场表现和消费者的喜好。虽然之前的果酒品类并没有受到市场的欢迎，但随着新消费力量的崛起，果酒品类潜力巨大。但在果味高粱酒中，尚处于无品牌阶段。果酒的主要消费群体是年轻人，而江小白累积的品牌势能自然可以在果酒品类中释放。从宣传策略的角度看，江小白也在聚焦“果汁”概念，试图抢占果酒的制高点。毕竟，打造品牌的真正目的是让“品牌=品类”，而果汁是果酒的重点。

事实上，无论是最初的低度酒，后来的混合饮料，还是现在的水果立方，江小白秉持一个原则，那就是“美味”。其基酒为纯高粱酒，属香型酒。在酿造工艺上，江小白始终坚持“纯酿法”，选用单一的红高粱为原料，在口感上去除了中国传统葡萄酒的窖泥和酒糟风味，在味觉加工方面具有先天优势，更适合于味觉融合。

4.巧妙植入广告，贴近消费者的生活

江小白在电视连续剧《好先生》和《北上广依然相信爱情》中都有广告嵌入。在高票房电影《从你的全世界路过》中，演员邓超、杨洋、岳云鹏有一场借酒消愁的戏，也一起喝了江小白。在传统的品牌植入节目方式中，依靠主持人口头传播的方式很容易让人不快，尤其是当观众情绪高涨时，突然植入广告会让人产生抵触情绪。于是，江小白在植入广告时添加了很多场景，让人想买酒的时候自然想到了江小白。江小白的植入方法适应了剧情的需要，融入了电影情节之中，不仅提升了品牌形象，也让电影在情节上更有说服力，实现了品牌与电影的双赢。另外，江小白关注的是年轻人的市场，所以它选择的影视剧总是贴近年轻人的生活。

江小白正在通过各种方式不断强化“江小白”一词，使之更加形象、生动。江小白曾推出一系列漫画《我是江小白》，深受年轻人的喜爱。无论是举行各种活动，还是创作自己的漫画，江小白都是在做引流，并注重与年轻人进行情感交流。江小白始终坚信吸引消费者最好的办法就是走近他们，把江小白的故事传播到生活中的每一个角落，最大限度地吸引消费者的眼球。

5.发展总结

江小白抓住了新生代消费群体的消费需求，实现了卓越品质和情感共鸣。江小白的文案深入人心，让我们看到了年轻人的真实世界。江小白善于用联名、新媒体营销来撰写白酒文案，让人很有代入感，十分入戏。精准的产品定位+市场定位+传播定位让江小白脱颖而出。江小白的发展得益于文案，但不仅仅得益于文案。他的文案打动了人心，白酒质量也得到了

公众的认可。总之，江小白成立以来，在营销和定位上投入了大量资金，开发适合消费者的口味品类，为年轻人开辟渠道，从文案瓶到果酒，随着市场的变化而变化，从而取得了可喜的成绩。

（资料来源：作者根据多方资料整理而成）

三、方案与预算

1.营销方案的主题分析

营销方案是以销售为目的的计划，是指在营销和服务之前，为实现预期的销售目标而对各种促销活动进行的总体规划。

一个详细的营销方案最少应当包含三个层面的主题分析，即项目市场的基础难题、优点和缺点及难题的解决方法。依据不一样的营销方案分别拟订主题。营销方案的主题是营销策划的基础和关键。在论述营销方案时，应详细介绍新项目的情况、进度和发展趋向，并依据策划方案的详细情况进行逐一归类，还可以开展综合性分析。

项目市场要考虑的状况如图3-4所示。

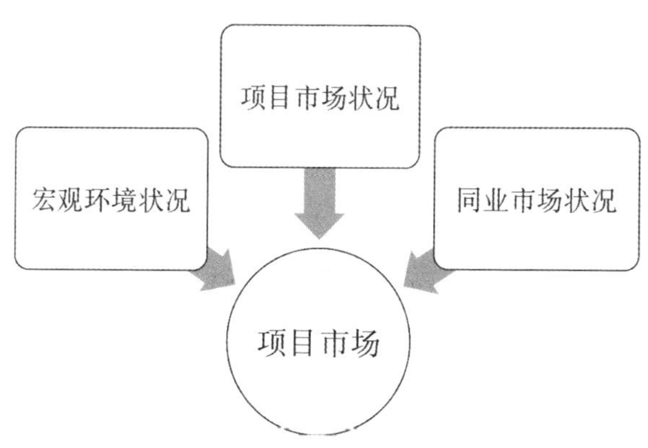

图3-4　项目市场要考虑的状况

（1）宏观环境状况。宏观环境状况包含宏观经济政策态势、金融业财政政策、资产市场行情、金融市场的态势等。

（2）项目市场状况。项目市场状况包含目前产品或服务项目的销售市场和市场需求，以及顾客对新产品或服务项目的潜在性要求、市场份额、市场开拓空间等。

（3）同业市场状况。同业市场状况包含同业竞争组织、同业目标销售市场、同业竞争策略、同业竞争营销方法等。

各种各样的营销策划需要的市场分析材料不是完全一致的，要依据营销方案去收集，并在营销策划中简要说明。

销售目标管理专栏3

没有互联网加持下的“绝地求生”

作为当今生鲜新零售的代表，叮咚买菜为用户提供更便捷的生鲜送上门服务。

1.叮咚买菜的概况

叮咚买菜于2017年5月问世，是一个生鲜蔬菜电商平台，采取大数据驱动的方式，通过自研数据模型，根据历史销售数据等多维度预测未来订单，以降低滞销损耗率；品种主要集中在蔬菜、淡水鱼虾、水果和一些有机产品。

2.严格遵循“7+1品控流程”，把好质量关卡，满足用户期待

叮咚买菜在品控上遵循这一套流程：源头把控→总仓验收→加工分拣→前置仓验收→储存巡检→分拣打包→配送交付+售后反馈。叮咚买菜的团队遍布在全国各地，他们要和农业企业合作，如选用什么种子和农药，从前端抓紧解决质量问题。比如，在分拣包装时出现重量不足的情况下，快速直接退款可以大大改善用户体验，即使实际误差可以忽略不计，却能给用户以质好与量足的印象。

叮咚买菜的蔬菜供应产业基地已覆盖全国，其中70%的供应产业基地都来自全国各地的原始产品，只要顾客想吃，叮咚买菜可以将各地的物品运送给顾客，使普通百姓可以放心地吃东西，并且可以全年享用他们想要的食物。叮咚买菜不仅靠品类多、价格优惠取胜，更多的还是依靠质量，让顾客成为回头客。

3.前置仓模式服务到家，了解用户需求，用高效率吸引用户

2017年5月，叮咚买菜建立了其在上海市浦东区的第一个前置仓。经过几十个仓的建立，半年多的营业额约为3700万元至3800万元。在前置仓模式下，用户在哪儿，叮咚买菜就在哪里设置一个前置仓。当设置一个前置仓后，随着推送和广告的进入，将吸引大量用户。有了配送人员在街道上送货物，用户会意识到这个平台可以为他们服务，所以，用户会变得越来越多。

每个仓建立后，仓附近的用户将陆续进入。它有一个保留率，由于用户停留在平台上，与平台接触的时间越长，客户的购物频率就越高。当仓附近的渗透率或者用户的增长达不到预期时，叮咚买菜会检查其广告或者其在当地的推广是否做得不好，然后会做出相应的调整；并且，还会检查每个仓。随着时间的推移，如果这个仓的用户本应该频繁地去某个仓，但实际上他们没有去，这时，叮咚买菜就去探究原因是什么，调查看看是不是因为这个地区没有足够的会员给用户，或者别的什么原因。如果没有足够的会员数量，叮咚买菜会尽力把这些用户发展成会员。

由于前置仓离消费者更近，自由团队管控的效率更高，配送效率也更高。当覆盖密度较高时，容易形成规模效应，提高配送效率，降低采购成本。从下单开始，整个产品从前置仓分拣到配送员配送都实现了可视化，操作效率高，客户体验好。在一线城市，叮咚买菜给出了“最快配送29分钟”的承诺，对于生活节奏快的用户来说，不到半小时的送货时间非常有吸引力。

4.以社区为单位运营，对不同客户群体给出不同方案

叮咚买菜是一个以社区为基础的企业，所以，他们对每个社区建立了一个非常详细的数据，包括这个社区有多少户、多少人，他们的收入结构是什么样的。叮咚买菜会给每个社区定一个目标来做营销。对于一个以年轻人为主的社区，叮咚买菜可能不会在这个地方投入太多的资源，但是对于一个有老人的家庭或者一些家庭聚集的社区，叮咚买菜会认为这个地方需要做市场渗透。如果一个社区是以老年人为主，因为老年人有更多的时间逛菜市场，如果他们选择叮咚买菜的服务，会更关注菜价。

叮咚买菜会为不同的社区制订不同的目标，使业务更加精细化，把新的营销策略推向不同的重点。叮咚买菜会组织地推人员进入社区摆摊拉新人，吸引新人登记，以送他们一盒鸡蛋或者一些别的物品的方式鼓励用户下单。对这些要拉新人的地推人员，叮咚买菜也是有要求的，不能只是拉个人那么简单，还要教会新人使用叮咚买菜这个平台，熟悉下单流程，不能仅是代替他们去操作。叮咚买菜还会考究这些地推人员拉来的新人的质量，不能只看数量，而这些地推人员的绩效，就在于他们所招揽来的新人是否有一定保留率和复购率，这样，新用户不断涌入平台，平台的数据增长也非常快。

5.发展总结

尽管叮咚买菜起步较晚，并且头两年没有投放广告，但回购率略高于同行。回购率高是因为产品的质量好，出售的物品是可靠的。此外，叮咚买菜还提高了工作效率。叮咚买菜的创始人认为，新鲜食品的竞争力就是冰山，一家公司的规模和收入只是冰山一角。中间的冰山是供应链能力，其次是组织能力、财务能力、数据算法能力，叮咚买菜更看重冰山之下的能力。

（资料来源：作者根据多方资料整理而成）

2.基于优劣势上的分析

（1）主要优势分析。紧紧围绕营销策划这一主题，进行一定层面的活动营销，如市场调查、新产品的开发设计、推广营销、宣传广告等，分析其有哪几个方面的优点，主要分析自身的优点，及一些外界有益要素。

营销策划便是要灵活运用有益要素，充分发挥自身优点。分析优点时，要细心、客观，求真务实。

（2）主要劣势分析。主要分析一些外界的不利条件和自身的缺点，并结合活动营销的进行展开分析。营销策划便是防止和改变这种不利条件，避开自身的缺点。

（3）主要条件分析。对活动营销进行的必备条件展开分析，包括目前的标准和如何发挥特长，逐一列举和分析，以便更好地利用资源。

可以根据企业的发展战略制订企业未来的经营计划，预算可以准确判断企业的情况，如对费用、收入、人员需求等做预算，及时发现企业在经营中存在的问题，以此提高管理者对企业的管理水平，并且对资源进行合理配置，以免出现资源过剩或浪费的情况。预算可以在一段时期内为企业提供计划方针，为管理者指明方向。做预算时企业应该让所有部门都加入进来。一个合理预算的提出需要依靠各部门之间的内部沟通、协调和互相配合。管理者可以根据预算对企业目标的实现情况、企业的实际经营状况进行考查，从而制订相应的发展战略，通过反复调整和完善预算，从而更好地促进自身的发展。

销售目标管理专栏4

专注摄影23年的“独角兽”之路

经过多年的快速发展，中国婚庆在市场的洗礼和考验下，已经从粗放式竞争时代进入品牌竞争时代。只有品牌，才能建立起消费者的信任，并不断塑造企业的影响力。

1.铂爵旅拍的概况

铂爵旅拍成立于1997年，是中国旅拍领军品牌，其以独创的“伯爵风格”而闻名业界。

2.利用5G时代，让婚纱摄影“美起来”“动起来”

铂爵旅拍的董事长许春盛认为，旅行摄影应该是一个过程，而不是瞬间。他觉得，很多人希望有人能在自己旅行途中帮他做记录，这是旅行摄影的意义所在，也必将成为未来的一种趋势。随着5G慢慢普及，双影像模式已经在行业中得到了广泛应用，几乎成为旅行摄影服务的标准配置。双影像模式不仅满足了年轻人对短视频的需求，也让年轻人对旅游摄影产生了共鸣，对之充满了美好的期待。一方面，5G技术下的高速数据传输使实时显示更清晰的图像成为可能；另一方面，它也为视频捕获和三维图像提供了实时共享的机会。旅行摄影是蜜月旅行和婚纱摄影的结合，能营造旅行结婚的仪式感。正因如此，铂爵旅拍的摄影与当代年轻人联系在一起，努力记录下他们生活中的美好时刻。

3.私人订制，以顾客为核心，满足顾客所需所想

铂爵旅拍专注于婚纱摄影已有二十多个年头，在对市场和消费者进行探究后，于2011年提出了“婚纱旅拍”的新概念，将“蜜月”与“婚纱摄影”融为一体，充分实现了年轻人“想去哪拍就去哪拍”的心愿。过去传统的婚纱摄影工作室在拍摄场景、拍摄形式和婚纱类型上都比较单一，不同的夫妇有相同的结婚照，除了两个主角，其他的基本上是一样的。

在避免碰撞方面，铂爵旅拍比室内摄影有更多的优势，能多开发一些顾客喜欢的东西，还可以根据顾客的喜好，推出相应的具有地域风格的拍摄场景。铂爵旅拍在做好作品质量控制和用户体验开发的同时，逐步扩大市场份额。

为了更好地提高顾客的拍摄体验，铂爵旅拍建立了一支技术专业的摄像师精英团队，并主要从事技术专业缩微胶卷拍摄，开设“大牌明星体验班”，为顾客提供优异的体验和品质。同时，铂爵旅拍拥有数千个专业技术团队，严格控制从摄影到成品的质量，并组建了一支专门的质量控制团队。

铂爵旅拍密切关注客户，通过微博、微信、抖音充分听取消费者的合理建议，不断完善自身。

4.在品牌营销上大胆创新

2013年，铂爵旅拍开启互联网O2O模式，由于大胆创新尝试，铂爵旅拍的销量在天猫淘宝同类竞品中稳居榜首。随后，铂爵旅拍开始进入海外市场。为了给用户提供更多的拍摄选择，铂爵旅拍提出了“全世界最美的地方都有铂爵旅拍”的发展战略。短短几年，铂爵旅拍已发展到全球近百个旅游胜地，真正实现了“想拍就拍”的口号。之后，铂爵旅拍开始在市场营销方面下功夫，首次提出跨界合作的理念，聘请中国视觉艺术家陈漫和中国“彩妆教父”李东田担任品牌艺术总监，提升摄影和造型质量。此外，很多明星夫妇也选择铂爵旅拍为他们拍摄，包括包贝尔、包文婧；胡可、沙溢；田亮、叶一茜等。在摄影师的镜头下，明星们所展现的不是闪耀的光芒，而是美好的幸福。也正是这样自然的拍摄手法，使铂爵旅拍成为个性化用户的选择。

不仅如此，铂爵旅拍赞助了多个综艺节目，如《吐槽大会3》《小姐姐的花店》《青春的花路》《女儿们的恋爱》《快乐大本营》《妻子的浪漫旅行》等。在综艺节目的选择上，基本都是婚恋、旅游类节目，更符合品牌自身形象，吸引女性观众。再加上广告宣传，让铂爵旅拍的发展势头非常迅猛。

5.发展总结

2020年，铂爵旅拍开创面向各行各业的直播新模式。早在2013年，作为“第一个吃螃蟹”的婚纱摄影品牌，铂爵旅拍就开启了O2O电子商务模式在业内的应用。直播模式的运营是基于其电子商务优势，将品牌营销与服务创新有机结合，在2020年大趋势下，成为用户决策、解决旅游摄影需求的有效途径。

品牌产生的正面价值不仅体现在市场的正面反馈和用户的口碑效应上，还体现在品牌对行业的反馈和赋能上。铂爵旅拍的业绩能保持稳定增长，折射出其强大的品牌实力，这无疑提振了行业信心，进一步拓展了行业增长空间。

据统计，2021年，全国婚庆行业的市场规模预计增至3.37万亿元，作为核心子行业的婚纱摄影行业市场前景广阔。铂爵旅拍将继续努力挖掘这座“浪漫金矿”，坚守初衷和使命，记录年轻人的幸福生活，引领同行，促进行业健康发展，共同绘制中国婚礼的生态版图。

（资料来源：作者根据多方资料整理而成）

第二节　过程管理

市场营销全过程管理的方法是使销售主题活动在销售链中分散。其总体目标是解构营销业务流程并运用适度的方式，以保证企业各种营销主题活动的执行结果能够具备一定的水准和精确性，让企业有着强劲的销售链并维持其在市场上的竞争力。

销售过程管理是客户关系管理系统的关键组成部分。在销售过程中，它有效地管理了客户、合同和订单等业务对象，改善了销售过程的自动化程度，全面提高了销售部门的效率，缩短了销售周期并改变了销售结果。它可以有效地帮助首席执行官、销售总监、销售经理、销售人员和其他角色管理客户，跟踪商机、订单和合同的执行等，有效规范销售秩序，实现团队协作发展。

一、战略层管理

战略层管理分总体层战略、业务层战略、职能层战略。总体层战略指明了公司的发展方向，聚焦资源进入的业务范围，决定采用增长战略还是维持、收缩战略。业务层战略则考虑竞争战略，如低成本战略、差异化战略、聚焦战略。职能层战略则是为贯彻、实施和支持公司战略而在企业特定的管理领域制订的战略，如营销战略、研发战略。战略层管理如图3-5所示。

图3-5　战略层管理

1.总体层战略

总体层战略又称企业战略，是企业最重要的战略，是公司各战略的总纲。

在多种业务交叉的情况下，企业总体战略的目的是确定企业将来一段时间的总体发展方向，协调企业的各个业务单位和职能部门之间的关系，合理配置企业资源，完成企业总体目标。它注重两个方面：一是“应该如何开展业务”，即从公司全局出发，依据内部环境及外部条件的变化，确定企业的使命与义务、产品与市场范畴；二是“怎样合理管理业务”，即在企业不同的部门之间如何分配资源，以完成公司总体的战略意图。

2.业务层战略

业务层战略也称业务单位战略。由于每个业务部门的产品或服务不同，因此，它们面临的内部环境（尤其是市场环境）及公司可以为每个业务提供的资源支持也不同。每个部门都必须制订战略以使部门正常运转，即业务层战略。

业务层战略是在公司战略的指导下，对特定业务部门进行运营和管理的战略计划，以及对运营部门的详细指示和管理，是企业的一种局部战略。

3.职能层战略

职能层战略是按照总体战略或业务战略对企业内各方面的职能活动进行的谋划，一般分为营销战略、人事战略、财务战略、生产战略、研究与开发战略、公关战略等。

销售目标管理专栏5

如何修炼出母婴市场的黑马

1.宝贝格子的概况

宝贝格子科技有限公司（以下简称宝贝格子）是一个主打进口母婴产品的海外直邮B2C电商平台。

2.线上零售与线下体验结合

宝贝格子由面向母婴的垂直跨境电子商务平台发起，拥有强大的全球供应链系统。宝贝格子在网上为消费者提供产品，并以折扣价吸引更多消费者。在母婴行业中，在线渠道面临激烈的竞争。宝贝格子创始人张天天说："我们是将线上零售与线下体验结合起来的母婴一站式新零售服务平台，依托海外供应链，通过内容输出、线下服务体验，形成线上线下用户闭环。"线下是一个巨大的市场，与单个产品的在线销售相比，用户数量和离线用户黏性更高。如果利用产品和服务来创建在线和线下平台的生态链，并建立封闭的母婴产品服务周期，那么前景将非常广阔。宝贝格子结合了大数据、新技术和人工智能，有机地利用网络，创建了一个线上零售与线下体验相结合的电子商务平台。

3.内容贴合用户需要，增强用户黏性

随着移动互联网的发展，用户需求变得多样化。宝贝格子实施1+N内容矩阵布局，努力从UGC（用户原创内容）转换为PGC（专业生产内容），丰富和更新运营商形式，利用微信公众矩阵等营销技术形成面向

KOL（关键意见领袖）的网络社区沟通综合体，与用户建立联系，提高用户黏性。最初，宝贝格子通过共享内容（主要是文本和图片）来激发妈妈们的想象力。鉴于妈妈们通常仅在孩子晚上睡觉时才使用手机，宝贝格子会在早期通过文本形式将内容传递给妈妈们，后来开始尝试将产品的内容转换为视频，因为视频可以更清晰、直观地展示产品。如果能够满足妈妈们80%以上的需求，那么她们可以通过口口相传来带动产品的销量。

在宝贝格子的平台上，大多数用户不是处于怀孕期就是刚成为新手妈妈。对于新手妈妈来说，在早期植入内容能获得这一群体更高、更长期的依赖性。妈妈们需要专业的指导和推荐，宝贝格子利用大数据技术分析用户的喜好、需求和习惯，并在第一时间给用户专业的建议。宝宝需要体能训练指导，宝贝格子就与冠军之家达成战略合作，打造世界级的综合性亲子运动馆；宝宝需要学习音乐、绘画、舞蹈等技能，宝贝格子就提供对应服务，打造集婴儿零售和服务业态于一体的多场景消费连锁品牌，让用户时时刻刻都有幸福感。

4.发展总结

跨境、母婴、加盟店、社区配送、内容导购为宝贝格子贴上了各种流行的标签。从线上到线下，从商品到服务，从内容输出到社区裂变，宝贝格子从未停止过升级。宝贝格子提供的线上线下一站式服务体验独树一帜，是一个真正集零售与场景于一体的新型零售平台，它颠覆了人们心目中传统母婴用品店的印象。在这里，用户不仅可以在宝贝格子平台上尽情购物，购买来自世界各地的优质母婴用品，还可以让宝宝体验早教、休闲、水上教育和绘本课程，获得高端、定制化、一站式的优质服务。

（资料来源：作者根据多方资料整理而成）

二、管理层管理

一个公司自身的情况和他未来在行业中的发展与其管理层的管理息息相关。管理层的管理能力不同导致公司的目标和战略也会不同。管理层的能力越强，内部控制的质量越高。为了营造良好的内部控制环境，应把握好管理层管理，最好以薪酬股权等方式对管理层进行激励，以增强其积极性。

为了提高管理人员的职业素养，除了在日常管理中进行持续的思想培训外，建立有效的资格评估体系也很重要。例如，某些管理职位要求领导者精通成本管理。为了提高对相关领导者的理解，可以在资格评估中加入对成本管理的理解。如果人才没有这种了解，经理将无法提拔他们。这种系统的评估方法将激发员工更多地注意相关管理职位的要求。可以看出，资格评估系统的开发是系统地提高管理人员的专业能力的最有效方法之一。公司应阐明对每个经理角色的基本要求，并鼓励员工不断提高对各个方面的了解。

不同的经理需要具有不同的管理技巧，有些职位需要沟通技巧，有些职位则需要协调和组织技巧。公司应确定每个职位所需的技能，并通过提供有针对性的管理培训来提高相关的管理技能。一些公司有很多管理层培训，但是培训效果并不理想。这可能导致老员工在执行较容易的管理任务时没有被授予更多的权力。由此可见，公司不仅应提供适当的培训，而且还要为低层管理人员在日常管理中创造更多的有利条件，给他们更多的实践机会，从而丰富其管理经验。

三、操作层管理

在操作层管理中，越来越多的公司意识到员工的内在动力是因为他们喜欢工作本身，而不是为了获得报酬或避免惩罚而被动地工作。操作层管理如图3–6所示。

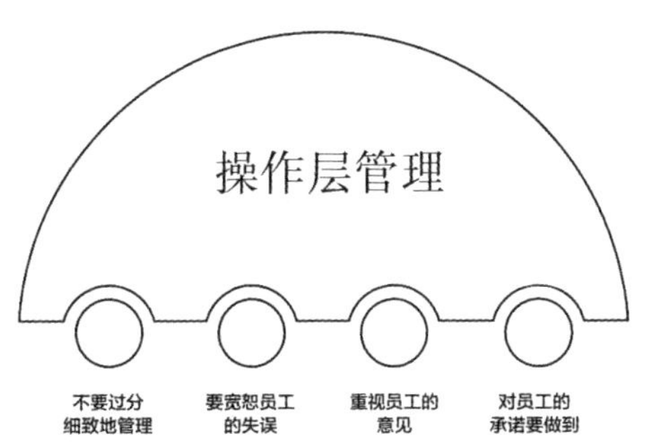

图3-6　操作层管理

1.不要过分细致地管理

员工需要一些空间来利用自己的才能实施创新思想并做出明智的决策。一些管理层雇用有才能的员工帮助他们处理他们没有时间做的事或不熟练的事务。如果员工觉得自己没用且没有发言权，将严重扼杀员工的热情。管理层需要记住为什么要雇用这些员工，员工需要一些空间来发展其才能并追求创新思想。

2.要宽恕员工的失误

对员工评估的方法应更具灵活性、可变性、实时性和个性化，并且应着重于促进未来的结果而不是评估过去。人们常犯错误，因此，要学会宽恕。不要抓住错误，而要专注于团队的成功。

3.重视员工的意见

聆听员工的声音非常重要，即使他们的意见与管理层的意见相左，也必须予以理解。要让员工感到自己属于公司。每个想法都值得倾听，即使不是每个想法都可以实现。

4.对员工的承诺要做到

管理层很容易答应员工的要求，但实际上他们做不到，这会破坏员工对管理层的信任。没有信任就无法更好地合作。

5.建立及时了解员工状况及经营情况的机制

（1）制订每日拜访计划。了解公司制订的销售目标和销售政策后，业务员应每天制订拜访计划，包括计划拜访的客户和区域；访问时间表；计划拜访的项目或目的（开发新客户、进行市场调查、处理客户投诉等），必须在《每日拜访时间表》中仔细填写。此表格必须由经理签字。

（2）填写《每日拜访报告表》。在工作结束时，应报告每日的出勤状态、拜访客户的情况、竞争对手的市场信息、客户反映和近期客户的情况，并把当天的访问情况和其他信息填入《每日拜访报告表》中。销售经理可以根据《每日拜访时间表》和《每日拜访报告表》了解销售员的日常工作。

（3）评价推销的效率。在了解了每日销售报告之后，销售总监应监控各种目标的实现进度，同时评估今天的访问效果，并了解访问客户的费用以评估推销效率。

（4）市场状况反映。当拜访客户时，销售人员将获得很多有用的信息，如消费者对产品的反馈、新的促销活动、竞争对手推出的新产品、零售商是否遭到投诉或客户公司员工的变动。如果情况严重到足以影响公司的产品销售，请立即填写每日访问表格，处理报告表，迅速向上级报告。

（5）周进度控制。为了使公司了解销售趋势，每个区域市场的业务主管都应在每个星期一提交一份销售管理报告，以汇报本周的市场情况。内容包括销售目标、新创建的客户数量、退款、有效访问、交易率、每人每周的销售业绩、竞争对手的动态、异常的客户服务、下周的目标和计划等。各种供应商报告的完成质量和有效性应列为供应商评估的要素，以便业务主管可以详细管理流程并跟踪进度。

（6）销售会议。管理销售过程的重要工具是销售会议，包括早会议、晚会议和每周会议。由于业务主管需要紧跟最新的市场信息，因此每天早上或晚上开会都是一个不可忽视的环节。一些公司的供应商分布在全国各地，如果他们每天无法举行上午或晚上的会议，则应随时通过传真或电话将其访问结果汇报给公司。业务主管了解每个销售人员的工作情况后应随时提供建议，帮助业绩不佳的销售人员改进工作方法。简而言之，如果销售经理可以掌握人员、物品和地点，则可以很好地管理销售流程。

销售成功的因素主要包括完整的产品体系、可靠的渠道网络、合理的销售政策及充分利用各种广告。在这些因素中，我们需要找到关键的成功因素。实现项目目标的关键因素最好不超过五个，这样我们就可以轻松地将有限的能力和资源用于完成重要任务。

销售目标管理专栏6

注重社交场景化的艺术公司

1.奈雪の茶的概况

奈雪の茶成立于2015年，以自创的“茶＋软欧包”的模式，主要服务于20~35岁的年轻人，坚持做不隔夜产品。区别于其他品牌主打奶茶，奈雪の茶以这种“茶＋软欧包”的模式做出了一加一大于二的效果。

2.独特的品牌理念和双产品模式

奈雪の茶以四季变化为主线，融入“镜、花、雪、月”这四种意象元素，在凝聚东方文化的同时，也对应了中国茶的核心。奈雪の茶以精选的名茶为原料，然后加入新鲜水果，以减弱茶的苦味。而且水果必须是季节性的新鲜水果。在这个季节之后，如果还想喝这种茶，就得等一年。

除此之外，奈雪の茶推出“茶+软欧包”的模式，不仅卖茶类饮品，还出售具有特色的软欧包，这些软欧包做得生动形象、造型独特，让人眼前一亮。它们符合年轻人对快餐的颜值、营养和口感的需求。奈雪の茶还根据地区特色开发出了特色产品，如霸气牛奶草莓、缤纷水果茶、金色山脉等。

3.以女性群体为主要目标，深入了解年轻消费群体

为了让年轻人喜欢上茶饮，奈雪の茶不仅挖掘了一些新渠道，采取了更多新的营销方式，而是在方方面面下功夫。与为自己贴上“网红”“互联网思维”标签的各类网红零食及茶饮不同，奈雪の茶始终相信打动年轻人的方法不仅是在包装和造势上创新，还要真正与年轻消费者建立共鸣。这种共鸣产生的根源是对市场的深刻考察。除了用年轻人喜欢的方式做营销，让他们关注茶文化之外，奈雪の茶还从营造新的消费场景和品类创新方面去满足年轻消费者的需求。例如，奈雪の茶会在他们的公众号上举办活动。在“5·20”这个年轻人的节日里，奈雪の茶抓住年轻人对“爱情”话题的兴趣，与凤凰网新闻客户端在网上抛出了一个小测试，测试感情和未来。紧抓年轻人的兴趣点的测试很快在互联网上引发了大量的自发传播，为奈雪の茶圈了一大波的粉丝。经过对市场的调研，奈雪の茶发现了他们的女性粉丝占了80.21%，可以说女性是消费的主力军。因此，奈雪の茶非常巧妙地利用女性消费的特点、角度制订市场营销方案。例如，商店温暖的布局使爱拍照的女性顾客的照片更加有氛围感。2019年1月，奈雪の茶在深圳开设了第一家专供酒饮的门店——Bla Bla Bar，主要针对20~35岁的女性消费群体，研发适合女生喝的酒，打造出一个精致、浪漫的夜间社交场景。Bla Bla Bar一开张，立刻吸引了大波女性粉丝前来打卡，其在大众点评、小红书上好评满满。

4.注重社交场景化，全力为顾客打造空间

奈雪の茶是一家真正致力于打造社交场景的茶饮专营店，其逐渐将运营面积扩大到200平方米。小店的面积限制了运营模式，顾客只能购买完打包带走。随着消费观念的升级，打造社交场景，为顾客创造专属的休闲娱乐和社交空间，有利于增强顾客的忠诚度。奈雪の茶非常注重用冷暖色调的搭配来装饰门店，他们的主张简约时尚，营造温馨、轻松、愉悦的氛围。奈雪の茶分为独立卡座和多人休闲区，满足消费者的多种需求。下班后，许多上班族喜欢在那里买一杯饮品休息一会儿。周末的下午茶时光，也会有大批顾客来喝下午茶，很多年轻女性会在店里拍照、打卡并发朋友圈，社交与活动的元素在这里被进一步强化。和朋友逛街，聚会的时候，

坐在星巴克消磨时光不再是年轻人唯一的选择。宽敞的空间、精美的装修、优质的茶原材料等，使奈雪の茶越来越受年轻人的欢迎。

5.发展总结

奈雪の茶凭借正确的运营理念，使用了“茶+软欧包”产品的组合。这种商业模式满足了年轻人的消费需求。此外，奈雪の茶不断满足年轻消费者更多的需求，在产品包装、营销和消费场景等方面切中年轻人的喜好，快速实现了品牌在消费者群体中的裂变与扩散。

（资料来源：作者根据多方资料整理而成）

第三节　目标管理

目标管理是依据企业或是精英团队的战略发展规划与目标，应用专业化的管理方法，开展有顺序、可控性的和高效率的管理，以完成团队和本人目标的全过程。它使我们在公司中有着一个共同的目标，在工作中各尽其责，分别担负相应的义务，推动个人与团队目标的达成。

一、制订目标管理规划

目标管理的实现基础在于企业的全体成员都要参与其中，并且明确各自在工作中所需达成的目标，以做好每个人的目标为责任去实现企业的整体目标。目标管理规划中有三个因素：目标、管理层和任务。彼得·德鲁克（Peter F. Drucker）在《管理：任务、责任和实践》一书中也对目标管理进行了定义。他强调，一个企业想要有良好的发展前景，应先从制订最终目标开始，去实现目标的人同样也是制订目标的人。

量化的目标主要包括目标的设定、目标分解后的具体行动及目标的考核。目标的设定主要包括公司的总体目标、每个市场的中间目标和营销目标。设定目标应遵循两个原则：一个是具有挑战性和可实现的，另一个是可持续的。也就是说，它可以满足公司的中长期期望。例如，设定年度销售目标至关重要。首先，它表示公司希望在一年中实现的销售水平。其次，确定销售目标后，公司将投入用于实施战略的资源，如广告和营销费用等。

企业的行动可通过任务分解法（WBS，Work Breakdown Structure）来实现，即目标→任务→工作→活动。WBS是一个规划设计工具，可以有效帮助企业进行目标管理工作。运用该方法可以厘清工作目标之间的联系，也可以对目标有更详细的了解，便于人员清楚为实现目标所必须完成的工作任务。WBS的制订步骤如下：首先，提出目标需求，企业所有人员都要参与其中，对目标进行研讨，并且做好分工；其次，分解项目，画出WBS层次结构图；再次，对项目进行细分，一定要细化，包括人员的分配等，并对分解项目进行审查，删减不必要的部分；最后，确定最终版本的WBS，但在工作开展中也要做到实时更新，随时修正。任务分解法如图3-7所示。

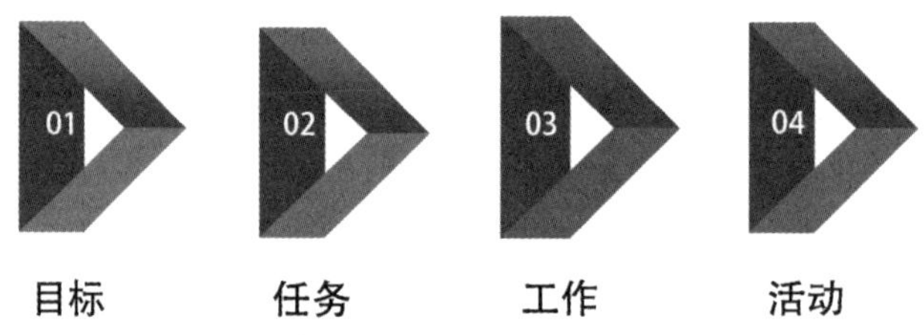

图3-7　任务分解法

WBS任务分解的指导原则是在实施计划的基础上，进一步将每项工作细化。原则上，每个任务都必须细分，直到不能再细分为止。分散的活动具有清晰的结构，并在逻辑上构成大型活动，集成了所有的关键因素，包含临时小终点和监控点，所有活动必须定义清楚。

在评估目标时，管理者和员工必须就以下问题达成共识：①员工应该做什么；②工作要达到什么要求；③为什么要做好工作；④何时完成工作；⑤其他相关问题，如环境、技能、职业前景和培训等。在此过程中，管理者和员工应就上述问题进行充分沟通，并达成共识，这是整个绩效管理周期和绩效评估的基础，它的作用非常重要。

二、跟踪执行过程，制订绩效制度

1.绩效制度的意义

绩效制度是一个灵活而强大的管理工具，它有利于了解员工的工作情况，并在公司中保持有序的竞争；鼓励团队建设，促使员工进步，促进工作顺利开展。

2.绩效考核的步骤

绩效考核应分以下三步，如图3-8所示。

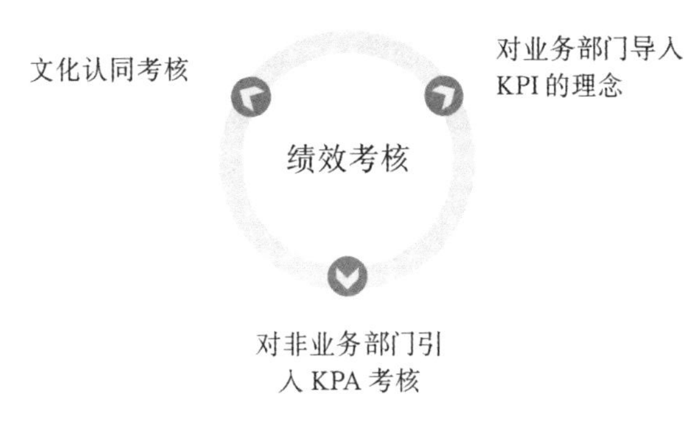

图3-8　绩效考核

第一步是文化认同考核，主要是制订文化评估的要素，该过程相对简单，可以轻松地提取和评估符合企业价值观的要素，以评估企业的高级管理团队和人力资源部门。高级管理团队可能无法解释能力模型的要素，但是他们知道在招聘时想要什么样的人。另外，分析公司高级员工具有哪些特征。人力资源部门还可以提高对外部招聘和内部高级员工的素质要求，并获得企业文化认同的评估要素。

第二步是对业务部门导入KPI（关键绩效指标）的理念。在实施绩效评估时，人力资源部门需要考虑将KPI的概念引入业务部门（如销售部、市场部、制造部等），并将财务目标分解至相应的业务部门。此时，人力资源部门需要进行宣传，财务指标是否能够完成是企业生存的关键，因此，有必要对财务目标进行分解。

第三步是对非业务部门引入KPA（关键绩效事件）考核。在对业务部门实施KPI评估后，以及在完成完整的评估周期之后，人力资源部门需要考虑对非业务部门和在该部门中从事非业务工作的人员引入KPA评估。业务目标、客户评估、上级评估、部门职责和工作任务都是KPA事件的来源。通过分析这些方面的关键因素，以提取不可接受的事件，以及具有挑战性的事件和日常事务。

三、评估落实效果，引入OKR工作法

早在20世纪70年代，英特尔创始人安迪·格罗夫（Andy Grove）就根据彼得·德鲁克（Peter F. Drucker）的“目标管理与自我控制”理论，建立了一套行之有效的管理工具：OKR。后来，约翰·道尔（John Doerr）把OKR介绍给谷歌。在过去的几十年中，谷歌一直坚持应用OKR，并取得了巨大的成功。

什么是OKR工作法呢？“O”是指目标（Objective），“KR”是指关键结果（Key Results）。OKR是一套管理工具，它可以有效地调动员工的积极性，让他们更专注于关键结果，更好地实现目标管理，有利于企业的发展。《OKR工作法》一书中阐述了一个企业如何有效、适当地运用OKR工作法对企业进行管理，该方法明确了管理层对工作的计划安排，以及为了达成目标，需要怎么做、怎么协调各部门去落实好工作，让每个员工努力实现个人价值，完成对企业的贡献，也让员工更了解企业的计划、目标，为员工与企业搭建出一座沟通的桥梁。

在目标被定义之后，关键结果也需要被定义。在设定关键成果的过程中，员工需要充分发挥自己的创造力和想象力，找到实现目标的途径；并通过团队沟通会，听取对方意见，提出纠正关键成果的建议。OKR可

以每年设置一次，也可以根据需要每季度和每月更新一次。设置时，员工应与领导沟通。设定后，每季度进行一次评分，并与领导再次沟通。所以，OKR强调的是沟通。它是一种设定目标的工具，但更像一种沟通工具。在OKR中，目标和关键结果都是透明的。像谷歌这样的公司有上万名员工，他们每个人都可以查看对方的OKR，甚至还可以查看CEO的OKR，也可以查看跨部门OKR。同样，在设定目标时，可以把公司的目标、部门领导的目标、直接上级的目标进行分解，从而设定自己的目标；也可以参考其他部门和同事的OKR，了解跨部门的工作流程。对员工本身来说，制订OKR的过程也是了解公司的过程。

那么，如何知道OKR制订得是否合理呢？这需要定期审查，在每个项目完成时先停下来检查，查看该阶段目标的实现情况，并且实行打分制，以十分为满分。如果完整地实现了所有关键结果，则可得十分；如果毫无进度，则是零分；中间分数段则取决于实际完成部分的进度，最佳的得分范围应该在六到七分之间。低于这个标准则表示目标可能定得过高，实现的可能性太小，需做调整。若高于这个标准，则要考虑目标制订得是否过低，导致员工没机会大展拳脚。OKR工作法的实施过程不可能一帆风顺，如会有目标和关键结果的冲突，或者在执行过程中，因为项目有困难导致员工产生焦虑的情绪。因此，在实施OKR的过程中要及时停下来审视，不断完善OKR，以便更好地专注于目标并实现关键结果。

使用OKR后，所有员工都可以明确自己的目标和需要达到的结果，从而使企业健康、有序地发展。对个人来说，他们也在设定和实现目标的过程中实现了自己的价值。

章末案例

好利来：发展“颜值经济”，突出“网红”重围

1.好利来的概况

好利来创建于1992年9月，现为拥有上亿元固定资产、七千多名员工，以及北京好利来企业投资管理有限公司、北京好利来工贸有限公司、北京好利来商贸有限公司三家控股公司的大型食品专营连锁企业集团，创始人及现任CEO为著名摄影人罗红。

2.好利来的商业模式

（1）发展“颜值经济”，做最好的品牌宣传。

要想拥有一定的客流量，门店形象就显得尤为重要。好利来作为一个老品牌，曾被大众冠上“土味”的标签，缘由就是其门店装修、产品做得太落伍。2020年5月，好利来推出“颜值+创意”主题店，在上海虹桥天地开出首家Lab概念店，整个店面以银色为基调，走未来主义风格，仿佛一个从量子到宇宙的工厂实验室，一进门就会被各种具有设计感的透明圆球、酷炫大屏等艺术装置吸引。好利来还特别推出了奥利奥飞碟、巧克力星球等Lab店专属款，非常符合门店主题，独特的造型也很吸引消费者的眼球。2020年11月，全国第二家好利来Pink店在上海美罗城开始营业，整家店都是少女粉，蛋糕墙、粉色甜品、粉色包装袋等专为少女量身定制，吸引无数女生到场打卡、拍照。

除了改变了门店的装潢，好利来的员工也因为高颜值频频上热搜。在知乎、豆瓣甚至虎扑，好利来销售人员的颜值得到了很多好评。即使是蛋糕送货员也可能因为帅气的外表在抖音获赞无数。当你走进北京的一家好利来专卖店，首先看到的可能不是产品，而是一个比一个好看的店员。好利来的销售人员被称为“服务顾问”，因为高颜值在业内享有盛誉。好利来对服务顾问有一定的外形要求，女性身高不低于163厘米，男性身高不低于175厘米，而且还要外表端正、体形匀称、笑容甜美。大家都难以

拒绝一个高颜值的服务员面带甜甜的微笑，拿着一盘刚出炉的蛋糕，邀请你尝尝。“黑天鹅”是好利来在线下专门为高端人士提供高端服务的高端品牌。在“黑天鹅”店，店员招聘要求与空姐、空少相当：女性身高要求168厘米以上，男性身高要求180厘米以上。

（2）不断推出网红产品，不断联名，出一款就要红一款。

好利来的甜点是深受年轻人欢迎的日式甜点。甜点的特点是新鲜细腻的口味和精致典雅的外观。例如，半熟芝士的包装和口味会随着季节和节日而不断更新。半熟芝士中使用的原材料和成分可以经受住考验，并满足当前市场和消费者的口味。在生意好的时候，一家门店就能卖掉200多盒售价为38元的半熟芝士。也就是说，仅这一款产品就能给单店带来7600多元的营业额。

好利来还与喜茶联名，在天猫旗舰店推出其联名的产品。在B站，可以在对好利来产品的评估中找到数百个视频。频繁联名的好利来正试图借助其他知名品牌推出融合双方优势的产品，在消费者心目中创造独特的记忆，避免了网红产品因为同业竞争大、更新换代快而迅速被淘汰的命运。

（3）往一线城市发展，坚持不加盟，注重品质。

自2017年起，因为一些区域的好利来门店在运营上达不到新标准，好利来就取消了联合创始人的加盟制度，分离了这些商店，并由联合创始人独立投资和运营。2018年，罗红与各位联合创始人重新商议且约定要缩小门店的规模以满足新标准，基于不同地区的实际经营状况，关闭难以执行标准的商店和保留可以执行高标准的商店也意味着好利来品牌商店的规模急剧下降。

好利来通过在口味上推陈出新和在门店的装潢设计上进行整改和升级，刷新了一线城市的年轻人对于好利来以前的认识。作为连锁品牌，考虑到存在因地区差异导致的消费能力和消费习惯的不同，好利来为防止损失做出了调整。好利来在中国80多个大中城市拥有近千家商店。根据新协议，解除内部加盟制度需要更名的门店约340家。

2019年8月7日，好利来正式发表声明，强调好利来始终坚持直销模式，而不是以特许经营的形式来确保服务质量。自成立以来，好利来尚未实施对社会完全开放的特许经营系统，其目的是尽可能保持材料、产品和服务的可控性，而不是为了牺牲“质量”和“品牌”而放弃“市场”。这也是好利来取得今天市场地位和份额的根本原因。

（4）往服务型企业转型。

烘焙行业的连锁经营在产品结构上并没有太多创新，但是在商业模式和服务模式上发生了很大的变化。85° C在中国台湾击败了星巴克。凭借其独特的商业模式和服务，它在华东地区站稳了脚跟，并迅速在全国范围内扩张，这给罗红带来了启发。他开始进行一些新的探索和调整，而好利来也开始从单一销售转变为多元化的服务。根据连锁店所在商业区的位置和规模，对好利来的商店进行分类。一些较大的商店位于繁华的商业区，好利来就添加咖啡和饮料产品，并全天24小时营业。

好利来早期推出了高端品牌“黑天鹅”。与传统的连锁经营模式不同，黑天鹅蛋糕采用传统的渠道和电子商务模式在销售城市建立呼叫中心、生产中心和分销中心。如果城市中有好利来专卖店，消费者可以在好利来商店订购，但商店中未生产的产品由专门的生产中心生产。

为了进一步提高呼叫中心平台对整个网购业务的促进作用，好利来与中国著名的呼叫中心系统供应商北京讯鸟软件有限公司合作，建立了基于IP体系结构的呼叫中心系统。客户服务人员在计算机上实现了“接听、预约处理和客户管理”的一站式服务，实现了电子商务流程。在市场领域，好利来尝试进入餐饮业，并在北京市场推出其品牌咖啡，这也表明了其转型的决心。

3.发展总结

好利来永远紧跟市场需求并随时进行调整。无论是早期的“先铺后厂，现场生产”的经营模式，还是互联网兴起后使用电子商务销售和中心工厂统一的订单分配模式。好利来都紧跟市场趋势，做出最快的反应，并采取最便捷的路线。此外，好利来独特的产品制造技术也是王牌。与普通的烘焙产品相比，好利来持续开发新产品，并赢得了消费者的认可和喜爱。罗红曾经说过："好利来一直只有一个标准，那就是让客户感动。"

（资料来源：作者根据多方资料整理而成）

本章小结

明确的目标好比航海中不可或缺的指南针，有利于企业的发展。根据数据显示，员工在工作中都有一个特点，就是非常乐意对工作结果负责，因为这会给他们带来成就感。日本的发明家中松义郎曾在自己的目标一致理论中提到：一个人的目标与组织的目标越一致，越能发挥其潜能，这个人就越有发展前途。正如"上下同欲者胜，风雨同舟者兴"，员工与企业的目标一致，有利于让员工产生使命感，并且有动力去执行，也有利于企业实现最终的目标。而计划的有效性影响着目标的达成，目标的制订、方案的选取，也需要与企业各方面的能力相匹配，否则是没有意义的。目标不是唯一的激励手段，目标只有与激励机制相匹配，才会形成更有效的动力机制。所以，除了关注目标之外，管理者还要关注激励的措施。

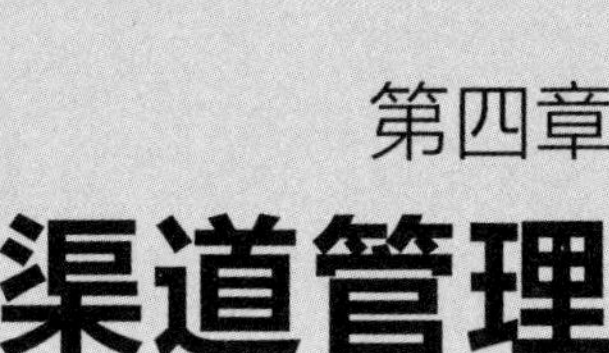

第四章

渠道管理

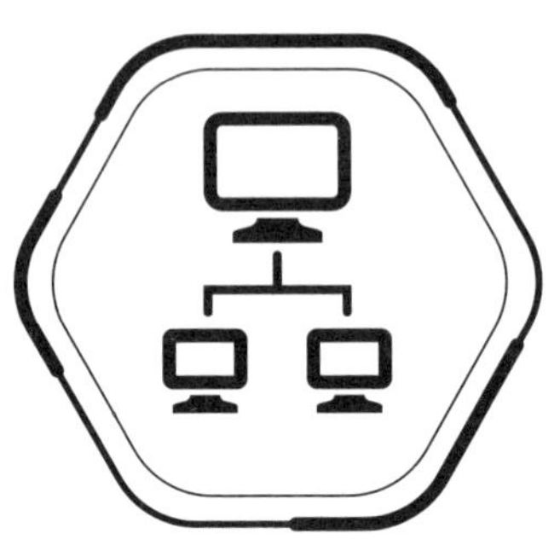

数字化转型是“一把手工程”，再焦虑也要推。一口气突破了、顶住了，可能就是一片新的天地。

——美的集团董事长兼总裁　方洪波

开章案例

如何靠一瓶酱油颠覆市场

1.公司简介

烟台欣和企业食品有限公司创立于1992年，是国内领先的高端调味品生产企业。旗下拥有葱伴侣、六月鲜、黄飞红、醯官醋等品牌。

2.商业模式

（1）刻不容缓做“减盐”。

众所周知，如果长期摄入过多的食盐，对身体的伤害很大。因此，减盐成了大势所趋。如今，消费者对饮食健康的需求很高，从少盐少油的轻食餐厅开店已蔚然成风就可见一斑。国家层面也已经把减盐当成了关乎国民健康的发展大计。在央视等官媒宣传的“三减三健”膳食行动指导中，减盐已经是重点之一。大环境如此，各行业的产品升级势在必行，酱油行业也不例外。

为满足不同人群的减盐需求，六月鲜推出了四款不同的轻盐酱油，在工艺上延续一贯的高品质，将盐分精准控制到每一克，且没有降低营养和口味，让用户吃得放心。在外观上，包装使用无纸印刷的透明玻璃瓶、独特的插花设计，环保又时尚。同时，联名丁香医生推出了礼盒装，并在天猫小黑盒首发预售，更高效地传递轻盐饮食的理念。

（2）将产品做到极致。

产品是否做到极致，用户最有发言权。从轻盐酱油系列的特征能看出，每一环节的提升都是针对消费升级、市场需求迭代而做的。在以往，面对市面各类号称能减盐的酱油产品，消费者要判断出产品是不是真正做到了减盐着实不容易。大多数酱油产品的营养成分表标注的是钠含量，衡量单位不同，盐分高低也会有显著差距。如果消费者没有相关知识也容易造成概念混淆。

简而言之，要让消费者真正过上减盐生活，减盐、营养、口味，一个都不能少。因此，解决这些难题就成了轻盐酱油系列的主攻点。

首先，减盐自然是重中之重。当一些产品技术不达标，为了概念只做表面功夫的时候，六月鲜的轻盐酱油就以科学的减盐技术去除多余的钠离子，做到了每100毫升酱油中的食盐含量最低仅8克，比红烧酱油减少45%。

其次，在减盐的同时，轻盐酱油的品质、营养、口味也很好。六月鲜·轻系列酱油的氨基酸态氮含量均超过国家特级酱油标准。也就是说，轻盐酱油达到了特级品质，丝毫不影响口感。

再次，逐级减盐，覆盖更多人群。六月鲜轻盐系列酱油共有四款产品，以不同“盐值”匹配不同客群。

最后，通过逐级减盐，让消费者根据不同阶段的需求逐渐适应减盐生活。

（3）引领行业。

过去几十年，酱油从老抽独打天下，发展为生抽和老抽分庭抗礼，再到如今琳琅满目的功能性酱油及概念性酱油，市场上纷纷涌现了许多酱油品牌。酱油的历史就是一部消费升级的历史。而当下，消费升级的情况是：人们早已不再满足于吃饱、吃好，健康成了影响消费决策的关键。

对酱油行业而言，轻盐酱油将使行业的产品结构升级。随着需求变化，在酱油行业，高端产品代替低端是大势所趋。就像在过去，面条鲜、凉拌酱油、红烧酱油、蒸鱼豉油、海鲜酱油等各类酱油，从小众变大众，挤占了传统的老抽、生抽市场一样。

对厨房调味品而言，轻盐酱油提供了一条可借鉴的升级路径。轻盐酱油之所以受欢迎，归根结底是解决了消费者的痛点，满足了消费需求。因此，很明显，其他调味品必须做的一个升级就是健康化，同时保证品质。

六月鲜推出的轻盐酱油让更多的人逐渐养成轻盐的饮食方式，让更多的人关注健康饮食，乃至健康生活。

3.发展总结

不论是对六月鲜，还是酱油行业，乃至于厨房调味品，轻盐酱油都将带来一次革命性的冲击。对六月鲜而言，轻盐酱油无疑是其未来的流量爆品。六月鲜则通过准确的市场预判，在“减盐”品类上提前布局，使其在技术研发、消费者需求的把控上获得了先发优势。在人们饮食习惯已改变、注重健康生活、消费升级的大背景下，为优质产品买单以获得更超值的享受已经成为新的消费趋势，这也为产品迭代升级提供了更多机遇，但同时也是对品牌综合实力的考验。因此，引领行业趋势的轻盐酱油更易站稳脚跟。与此同时，六月鲜“健康”和“特级品质”的品牌形象也将深入人心，获得极大的品牌优势，对未来的新品推广、发展规划大有裨益。

（资料来源：作者根据多方资料整理而成）

第一节　销售渠道

对于不同的行业，甚至是不同的产品，在企业的发展规模和阶段不同时，要选择的销售渠道是不一样的，为了高效地实现销售目标，企业必须谨慎选择销售渠道。

一、销售渠道策略

1. 销售渠道的概念

销售渠道其实就是产品从制造商生产完成后，到最终购买者手里的过程中所经过的一系列流通渠道。

产品从制造商到消费者通常有两个途径，一是直销的形式，即制造商直接销售给消费者；二是经过一系列的中间商后再到消费者手中，中间商包括经销商、代理商和分销商等。选择正确的销售渠道也是成功销售产品的关键因素之一。

2.销售渠道的划分

（1）直接销售渠道和间接销售渠道。根据消费者在购买产品的过程中是否需要经过中间环节可分为直接销售渠道和间接销售渠道，如表4-1所示。

表4-1 根据是否需要中间环节划分

	直接销售渠道	间接销售渠道
定义	指企业在生产产品的同时也能直接销售商品，消费者在购买商品时不需要经过中间商的参与	企业生产产品后需要经过一个或多个中间环节才能将产品销售给消费者
优点	有效降低成本，能及时了解市场动态，做好价格管理工作	企业能够专注于研发和生产工作，不需要为销售耗费过多精力
缺点	需要耗费更多的人力、物力	对市场价格的控制较弱，对市场反应不够迅速

（2）长型渠道和短型渠道。根据销售产品的特性可以分为长型渠道和短型渠道，如表4-2所示。

表4-2 根据产品特性划分

	长型渠道	短型渠道
定义	产品从制造到最终销售给消费者，要经历非常多的中间环节	产品从制造到最终销售给消费者经历的中间环节十分少
适用范围	适用于想要强化产品在市场上的声誉和渗透度的企业	适用于以新鲜度为卖点的产品或想减少产品成本的企业

（3）宽渠道和窄渠道。将销售范围和产品特性综合考虑，还可以划分为宽渠道和窄渠道，如表4-3所示。

表4-3　根据销售范围划分

	宽渠道	窄渠道
优点	企业能和众多的中间商进行合作，并进行促销	节约销售成本，需要沟通的合作方数量较少
适用范围	适用于销售到比较广的范围的产品，销售范围如商场、零售店、网络平台等	适用于一些特殊产品，企业需要选择一些具有针对性的终端产品进行销售，如工厂用的机油、零件等

就企业而言，销售渠道的最终目标就是使产品创造出最大的利润。这就需要对上述的渠道类型有一个全面而系统的了解，同时，深入研究市场信息，掌握市场动态，以便更好地选择销售渠道。此外，企业需要在不断变化的市场环境中通过控制销售渠道来确保产品的稳定性，提升企业的竞争力，实现利润的最大化。

渠道管理专栏1

恒顺醋业销售渠道模式及管理

1.企业简介

江苏恒顺醋业股份有限公司（以下简称恒顺醋业）拥有最先进的醋生产设备和技术，同时也是我国第一家上市的醋业公司。

2.销售渠道

恒顺醋业自上市以来，随着市场竞争的加剧和公司业务水平的提高，同时采用了多种渠道。

（1）零售渠道。

这是传统的销售渠道，也是销售醋的主要渠道之一，该渠道销售额约占总销售额的15%。零售渠道的销售模式主要是恒顺醋业将醋批发给市场上的一些零售商，然后以低价出售。而在零售商店中，醋的销售增长主要取决于醋产品在消费者中的声誉。

（2）餐饮酒店渠道。

餐饮酒店会在客户用餐时为客户提供相应的调味料，在市场的变化中，恒顺醋业抓住了与餐饮酒店进行品牌推广的机会。餐饮酒店渠道可以有效地起到品牌推广的作用，这对醋产品的销售产生重大影响。目前，通过该渠道销售的醋产品已达到总销量的30%。可以看出，餐饮酒店渠道仍然是醋产品销售的主要渠道之一。

（3）商超渠道。

商超渠道也是销售醋的主要渠道之一。由于大型购物中心和超市的人员流动是定期变化的，因此，随着大型购物中心和超市的人员流动的变化，醋产品的销量也会发生变化。在许多情况下，假期期间购物中心和超级市场中的人流量增加，这也导致醋产品的销量增加。

（4）团购渠道。

团购渠道是恒顺醋业最受欢迎的销售渠道之一，约占总销售额的15%。恒顺醋业经常使用团购渠道向大型的机构和组织出售产品。

（5）网上渠道。

恒顺醋业逐渐意识到网上消费这一趋势，并大力发展在线销售渠道。在线消费渠道具有成本低、效率高的优点。恒顺醋业积极调整销售渠道，使跨渠道的资源得以最大化地被利用。恒顺醋业已在天猫等交易平台上开设了在线商店，并已启动其官方网站。恒顺醋业正在积极尝试最新的互联网销售模式，如O2O和B2C。

3.销售渠道管理

在渠道管理方面，恒顺醋业主要采用经销商分区分销管理方法，可以简化经销商的管理流程。分区分销的管理模式不仅可以有效地简化恒顺醋业的管理流程，而且可以降低渠道的管理成本。

4.经验启示

同时采用多种销售渠道的模式是恒顺醋业使用的主要渠道覆盖方法，并且其通过在合理的范围内尽可能增加每个级别的经销商的数量来扩大公司的销售覆盖面。恒顺醋业的销售渠道比较广，这有益于企业的发展。

（资料来源：作者根据多方资料整理而成）

二、销售渠道的定位

1.销售渠道定位的概念

渠道定位是制造商通过提供产品、服务等与分销商建立长期稳定的合作关系。进行渠道定位可以通过技术支持，就是通过提供技术支持与分销商建立稳定的合作关系；还可以通过促销方式，就是通过给分销商提供丰富的促销活动来建立稳定的合作关系。总之，企业如果想要具有竞争优势，就需要有一个销售渠道定位，以便和分销商建立良好的合作关系。

2.销售渠道定位的方法

（1）确定对于每个分销商的预期绩效。企业需要结合市场环境和企业的实际情况给各个分销商设定预期绩效，这些预期绩效会成为企业的年度销售目标。目标细分市场的销售额、市场份额、开发的新顾客等通常都会作为预期绩效的衡量指标。在确定指标体系之后，一定要与分销商沟通，以确保分销商们能保质保量地完成目标。

（2）选择一个有利的渠道定位。在确定好预期绩效后，企业还要选择有利的渠道定位。首先，要充分考虑企业自身的情况，包括整体的目标及规划，结合企业的定位，判断在合作过程中是否能达到各个分销商的要求。其次，可以结合竞争对手的渠道定位来判断有没有满足各个分销商的要求，如果竞争对手的渠道定位和分销商的需求差异不大，说明能够满足分销商的需求。最后，企业也要结合自身的经营能力和核心竞争力来进行渠道定位。定位渠道要具备一定的独特性和可预测性，最重要的是能给分销商创造价值。

（3）把渠道定位传递给分销商。在确立渠道的定位后，企业需要广泛宣传销售渠道，形式可以多样，如利用广告、线下体验、网络平台展开一系列促销活动，通过这些营销活动将渠道定位生动地展现给各个分销商。在这个过程中，各个分销商会给予反馈，企业需要客观地对待来自分销商的不同的意见和声音，从而更准确地把握市场，及时对自己的渠道定位进行修正。

渠道管理专栏2

海南春光公司营销渠道管理

1.公司概况

海南春光公司是一家专注于海南及其周边地区特色休闲产品研发、生产及销售的企业。

2.营销渠道模式

在海南春光公司的销售渠道结构中，传统渠道销售占66%，电子商务渠道销售占26%，新开文化产业园占8%。

（1）传统渠道。

海南春光公司的传统渠道包括经销商、自营店及零售终端。经销商是主要的分销商和市场渠道，自营店是主要的直接渠道。海南的销售渠道主要是自营店，全省有160多家。作为海南特色产业，海南春光公司的主要产品品牌是“手信”产品，具有以下三个销售特点。

首先，它属于地方特色菜。由于保质期短，产品的周转周期有限。其次，由于周转时间短，需要短而宽的市场渠道。最后，主打产品是用于食品消费和旅行的日常“手信”礼物。为了吸引客户，通常在交通繁忙的地区和旅游区投资许多广告。

（2）电子商务渠道。

为促进渠道整合，海南春光公司协调了其电子商务渠道。新的营销模式为渠道增加销售带来了新的活力。海南春光公司于2015年进入京东超市；2016年进入天猫超市；2017年，在小区内推动社区拼团等模式快速发展，海南春光公司的产品正在加速进入海口的社区零售领域。借助电子商务平台，其产品从制造商直接到在线购买者，不包括平台费用和快递费用，缩短了渠道中间链的长度，降低了总成本，利润比传统渠道高得多。

（3）文化产业园渠道。

海南春光公司开辟了具有海南特色的购物新渠道，带游客体验热带农业果蔬的种植。它是海南岛首个集旅游与食品制造于一体的文化和工业园区，也是中国首家以椰子糖果为主题的综合性旅游公司。在这里，游客可以体验椰子糖的制作，父母和孩子也可以一起制作各种独特的菜肴，如椰子饼干，为游客提供不同的体验。在此，游客还可以使用可视化生产车间来查看和了解海南春光公司的食品生产链。同时，海南春光公司投资近亿元，在海南省万宁市建设百亩国家咖啡园，打造海南乃至全国享有盛誉的咖啡文化和旅游胜地，也是中国第一个咖啡公园。游客在参观公园时可以看到标准化的生产示范和文化咖啡景观，给游客带来独特而迷人的文化咖啡体验。

3.发展总结

如今，随着我国旅游业变得越来越成熟，海南春光公司越来越多地考虑其未来发展趋势的因素。营销界有句俗话：赢得渠道的人赢得世界。海南春光公司积极鼓励渠道创新。由于海南是一个旅游大省，海南春光公司除传统渠道和电子商务渠道外，还应用产业整合的原则，通过海南地区的旅游和食品工业融合的文化，建立了一个工业园区。同时，最新的营销数据表明，其已取得初步成果。

（资料来源：作者根据多方资料整理而成）

三、销售团队建设

1.销售团队建设在企业管理中的作用

（1）带动产品使用用户居住区交互。当产品的用户向某一地区集聚时，销售团队的成员进行的营销是较为直接的，而且可以有效地节约成本；而当用户分散在各个不同的区域时，就需要通过间接的营销方式去进行销售。通过直接和间接的交互式营销，有利于扩充用户区范围，加强用户之间的交流，从而带动产品的流通。

（2）促进大型客户成交。通过市场营销者对客户进行面对面的产品销售，其成本相对偏高，不适用于中小型客户。对大型客户来说，当面进行沟通和交流不但可以加深客户对企业、销售团队和项目的印象，赢得客户的信任，而且有利于市场营销者做好后期的市场追踪与服务，为产品后续的管理与推广带来便利。

（3）挖掘潜在客户。公司可以针对销售管理队伍成员自身的特色和产品本身的特点进行专门的深层次的现场产品销售培训，让这些营销人员和管理人员能够在目前市场上消费人群相对比较集中的几个地点，及时进行现场营销讲解活动，通过现场营销活动提高成交率等方法的直接引导，使消费人群转变为潜在客户。

（4）解决客户差异化需求。市场上的客户往往被分为老客户、意向客户和潜在客户，每类客户因为年龄、生活习惯和生活环境等的不同对于产品的需求也是不一样的，营销人员擅于运用各种营销技巧，针对不同客户的特殊要求，有针对性地解答客户的问题，加深客户的印象。

2.如何进行销售渠道建设

（1）加强销售团队沟通过程中的理解。之所以营销团队会存在沟通不畅的问题，是因为在进行销售管理的过程中，销售主管往往容易出现过度规划的问题。即在安排工作时说的头头是道，铺设美好蓝图，但却没有考虑到客观实际，缺乏实际操作可行性，与市场或者客户需求背道而驰；

或是在下达命令时不够准确，导致销售员偏离了销售主管实际想要传达的含义。实际上，这种现象完全可以规避，也是必须要解决的问题。销售主管在与下属进行沟通时，命令传达结束后，要及时向下属确认其是否理解了自己表达的内容，如对其进行提问，或是要求其复述自己的工作要求。如果在提问或者是复述的过程中，发现下属对理解执行得不到位或者是偏离了其原意，主管就需要及时给予纠正。通过类似这种加强双向沟通的行为，能够大大增强下属正确理解一个任务的能力，从而避免因沟通不畅而出现错误的情况。只有营销团队之间的沟通能做到准确无误，才能更有效地保障工作效率。

（2）采取多样化的沟通形式。一个销售团队可能会存在各个年龄层的销售人员，他们的性格、年龄、接受教育的程度及理解能力都有所不同。这就导致在团队沟通时，可能会出现意见相左的现象。为了保障团队成员之间能够顺畅地沟通，销售主管要严格把握沟通方式，了解团队成员的接受程度。作为销售团队的成员，同样需要设身处地地站在他人的角度进行思考，耐心聆听他人的建议，解释自身的想法和行为，这样才能让整个团队更加团结，提高团队协作性。

（3）提高成员工作效率。在进行人员聘用时，要选择可塑性强的人才，并对团队进行建设和管理。雇用有干劲、有决心的人，创建一个透明的竞争环境，并以关键销售指标为导向，有效提高成员工作效率。实践证明，当管理者把有竞争力的人放在一个透明的工作环境中时，它会推动整个组织向上发展。在处理团队问题时，销售主管要学会充分利用团队合作精神，协调下属协商处理。为了培养员工积极的工作态度，销售主管及企业要时刻关注员工的心态，在必要时给予员工引导和帮助，提升员工的抗压能力。在平时，要加强企业文化在员工间的宣传，建立和谐的工作氛围，帮助员工树立良好的事业观。

（4）设立团队战略目标。在对企业进行营销队伍管理的过程中，要做到最大化地提高人力物力的利用率，通过合理优化人力物力的配置，加强对人力物力的合理利用，帮助企业增加市场份额，从而实现战略目标。

（5）建设高绩效营销团队。能够保质保量地完成自身的营销业务是一个优秀销售员的基本职责，而优秀的营销团队就是要吸引和选拔这些优质人才。第一，在选拔人员时，应考虑所售产品的特点，对招聘方案进行科学合理的制订。第二，在进行销售人员的选择时，必须对应聘人员的基本素质加以考核，建立严格的准入制度。营销团队作为销售业务的核心以及企业最宝贵的财富，人力资源部门必须对应聘者的人品、能力、形象等各个方面进行综合考量。

（6）完善绩效评估体系与奖励机制。企业在对销售人才提出高标准的同时，应当同样给予其相应的待遇。其中最重要的就是建立公平的薪酬机制，让有能力的销售员多劳多得，激发其工作热情。通过业绩的量化来激励员工，同时企业可以对业绩突出的销售员予以表彰和物质奖励，赏罚分明。完善公平的薪酬激励制度是营销团队得以平稳运行的前提和基础，营销团队工作者需要看到自己的努力得到了与之匹配的回报，才能更努力地提升业绩。

渠道管理专栏3

蒙牛乳业数字化销售团队建设

1.公司概况

内蒙古蒙牛乳业（集团）股份有限公司（以下简称蒙牛乳业）是中国优质乳制品原料和食品供应商。

2.销售团队建设模式

（1）日常管理制度。

蒙牛乳业已按照原来的联系方式升级了钉钉办公软件。作为新的办公软件，钉钉软件类似于该集团的OA系统，可以补充出勤记录、文件批准、业务数据报告等。但是，钉钉比OA系统更方便。打卡功能解决了销售人员自由度过高的问题。打卡功能会根据客户的需求自动读取当前位置，销售人员必须在正确的时间到达正确的位置。打卡避免了传统的机械打卡和替代打卡的现象，并显著改善了集团销售代表的管理。

（2）企业培训制度。

培育企业文化是改变员工思维方式的基础。2016年，随着蒙牛乳业集团组织结构的调整，企业文化也引入了新的核心内容。良好的企业文化需要伴随相应的系统才能全面实施。

为了更好地管理数字营销部门，蒙牛乳业为其建立了培训制度。该制度提供了有关培训目标、要求和相关评估的明确说明。企业管理需要测试系统和文化约束，它真正管理着员工的思想。作为企业重要的管理工具，企业文化需要在运营绩效中体现其最终绩效。

（3）渠道考核制度。

在数字营销快速发展的背后，渠道管理的混乱问题逐渐浮出水面。窜货的问题已成为市场混乱的主要原因，这可能会损害、减少销售，并破坏价格，最终导致消费者对产品丧失信心。

蒙牛乳业已制订以下措施，以避免市场恶性窜货。

第一，重新设计电子商务产品的包装材料，稍微调整产品颜色和规格。这不会影响消费者心目中产品形象的一致性，并且可以直接区分电子商务产品和传统渠道产品。但是，这增加了产品准入，并大大增加了电子商务产品的成本。

第二，隐藏标签的设计。遵循传统渠道的示例，在产品包装上设置隐藏标签。不同渠道上的产品具有不一致的隐藏标签，该产品随订单一起发货，并且订单上刻有隐藏标签。

第三，成立独立的电子商务产品检查小组。在线销售本质上是限量的销售，检验人员很难一次收集很多产品，也没有证据可以退还给公司。设置专业的电子商务检查是更有针对性的调查。电子商务检查人员可以使用计算机技术来一次收集和整理窜货的证据。

第四，建立严格的窜货考核制度。再好的管理者没有有效的管理工具也是枉然，建立一个有效避免窜货的制度是防止老员工利用渠道资源谋取私利的关键管理任务之一。

3.经验启示

为了维持业务的长期稳定性，建立和完善系统应该是长期要注意的工作内容。清晰的制度可以更好地约束员工的行为，而公司可以在正确的方向上规范员工的行为。企业的制度使流程更加顺畅，使员工清楚地了解在什么情况下该如何应对，还可以使内部沟通更加顺畅，部门之间的责任和权力分配更加清晰，员工在处理问题时可以遵循规则，从而可以有效提高工作效率，这是公司长期稳定发展的前提。在制度的约束下，员工可以避免绕道而行，他们的执行能力也会相应提高。因此，引入各种制度对于构建销售团队也非常重要。

（资料来源：作者根据多方资料整理而成）

第二节　促销管理

促销方式和手段日益增多，使其成为企业进行市场宣传和网络营销活动中的必要手段。与此同时，电子商务的迅速发展也使网络促销能够在一定程度上激起消费者的购物欲，为广大商家带来了巨大的社会经济效益，推动了电子商务市场交易的良性发展。商品的质量、促销内容的渲染力和活动的涉及范围都是促销的营销因素，促销渠道的选择也直接决定了促销活动的效果。

一、媒体媒介的选择

1.促销传播媒介的概念和分类

促销传播媒介是企业在运用促销策略开展促销活动时，为传达促销意图、传播促销信息，以及实施促销活动等所使用的各种宣传品、工具及载体。

促销传播媒介主要包含大众媒介、中小众媒介、售点媒介、道具媒介、活动媒介、新兴媒介六大类。

2.大众媒介

大众媒介主要包括杂志、电视、广播等，其优点是传播速度快、传播范围广、表现力强，同时企业在使用大众媒介进行促销传播活动时，能够提高产品和促销活动的真实性。缺点是成本高、传播时效性差、不够直观。

3.中小众媒介

中小众媒介与大众媒介的区别在于中小众媒介的传播主体不是传统意义上的机构，而是企业。形式主要包括企业发行的内部刊物、直邮信函和通信服务等。

（1）内部刊物。企业定时或不定时地向内部员工、中间商、顾客或潜在顾客发放企业发行的内部刊物。发放内部刊物对企业来说意义重大，对员工来说，内部刊物能够直观展示企业形象和宣传企业文化，加强员工间的凝聚力；对中间商来说，能够更好地维护合作关系，增加好感度和信任度；对顾客来说，内部刊物能够加强顾客对产品的了解，宣传新品，同时建立了一条顾客反馈意见的渠道；对潜在顾客来说，能够更加深入地了解产品和企业。适合使用内部刊物的企业特点：企业经营产品种类繁多；企业产品和大众生活相关度高，企业需要获得公众的好感和支持；有同质化的竞争产品或服务；产品或服务内容抽象、复杂，以纯粹的商业信息沟通很难充分表达；产品或服务极富话题性，通过丰富的资讯量能够形成亲切感。

（2）直邮信函。企业对于一些集中性强的客户群体常常向他们寄送产品目录、折扣卡、推销信函等，向他们准确传达产品和营销信息。优点是企业更容易控制，对消费者的影响力更大，同时消费者在购买前能够详细比较产品信息。缺点是成本较高、反应较迟缓、容易形成心理定式。

（3）通信服务。主要包括电话和电信增值服务。一些特殊消费品和选购品特别适合使用通信服务。使用的前提条件是要有一定的客户关系，其优点是及时、高效和低成本，同时也是中小众媒介中唯一能够确保进行双向沟通的促销方式。

4.售点媒介

售点媒介是促销活动现场应用工具的传播媒介，主要包括店招、海报、售点广告、电子媒介、促销人员、售点支持系统六个方面，其优点是成本较低、速度更快、现场购物气氛更强，使顾客能够更快地做出购买决策，同时操作更加简单。售点媒介的主要内容如表4–4所示。

表4–4　售点媒介的主要内容

售点媒介	主要内容
店招	即商店招牌，优点是宣传持续时间长、传播效果好、价格低廉。企业可以为经销或不经销自己产品的批发商和零售商免费提供，在形式上不宜过分铺张，但应醒目、有个性，给顾客留下深刻印象，并创造与同业者的差异，树立独特的卖场形象
海报	在商店旁边的墙面、特设的广告牌上张贴的印刷品，还包括气模、吊旗、标牌等各种形式的室外临时促销媒介。优点是吸引顾客，彰显企业形象，准确传达产品信息，时效性强
售点广告	在零售商店内的墙壁、天花板、橱窗、通道、货架、柜台上张贴或摆放各种广告物和产品模型。优点是能够有效刺激消费，更容易吸引顾客，顾客能够更详细地了解产品，以便扩大销售
电子媒介	促销现场的室内广播、电视、广告影片、电子告示牌等电子传播媒介和幻灯片、录像带、光碟等信息存储器的总称。优点是能够运用电子信息和网络技术把实际情景和厂商意欲表现的主题重复再现，通过丰富的色彩和音响效果达到较强的表现力，使信息传播效果生动、形象、直观，能为消费者营造良好的购物环境

续表

售点媒介	主要内容
促销人员	优点是能与消费者进行较深入的双向沟通，使消费者立刻了解产品，尤其是新产品的特殊功效和主要特点，对消费者购买产品的态度影响较大，促销人员专业和亲切的服务显示了企业的形象和实力；缺点是促销成本高、促销范围窄
售点支持系统	包括经营特色、卖场区域、行走路线、内部装潢、商品陈列、橱窗展示，以及灯光、色彩、音乐等组成的购物环境。良好的购物环境使消费者产生愉快心情，激发消费者的购买动机，进而达到促进销售的目的，这是售点支持系统的一大优势

5.道具媒介

道具媒介是指运用一定的中间道具（如优惠凭证、促销赠品、促销性包装与产品外观、游戏竞赛道具等）来完成促销活动，实现营销目标。

（1）优惠凭证。是一种能够直接吸引顾客，以完成促销活动的媒介。凭借优惠凭证，顾客可参与促销活动或享受优惠服务。优点是能够极大地吸引顾客，在激发顾客购物欲望的同时，提高顾客的忠诚度。优惠凭证在设计上要能够直接吸引顾客，让顾客容易记住，同时要直观地传递促销活动和产品信息，最大限度地实现促销效果，提升企业形象。

（2）促销赠品。是指企业通过一系列的奖品、赠品、样品等来吸引顾客购买产品，通过这种形式吸引更多的消费者。优点是能够扩大参与促销活动的人数，树立良好的企业形象，极大限度地提升顾客对产品和品牌的好感度，在赠品的选择上应该以消费者的喜好为前提，要能够更好地吸引顾客。

（3）促销性包装与产品外观。产品的外观与包装包括产品内外包装及购物手提袋等，购物袋及外包装能够为企业及产品进行宣传，内包装如果能够赢得顾客的喜欢，将会建立顾客使用习惯，增进顾客对产品的好感和对品牌的忠诚度。这样一系列的包装都能够提升消费者对产品的了解，为品牌赢得回头率。

（4）游戏竞赛道具。是指在游戏和竞赛促销活动中需要使用的各种道具。新鲜、有趣、时尚的游戏道具能够更好地吸引消费者来参与游戏与竞赛促销活动，有效提升顾客的参与率，新颖的游戏形式也更容易达成销售目标。

6.活动媒介

活动媒介是指企业通过灵活应用一系列促销策略和促销媒介来达到营销目的的一系列活动。主要包括展览会、促销事件和促销活动等。

（1）展览会。企业通过展览会将现有顾客或潜在顾客集中到某个地方，向前来参会的人展示产品并详细介绍产品。展览会的形式使企业有一个专门的场合和顾客接触，最重要的是能够接触到平时很难接触到的顾客，向所有顾客详细介绍产品，展现一个生动立体的企业形象，让顾客融入企业当中，提升其对企业和产品的好感，同时能够及时解决顾客的疑问，挖掘更多潜在顾客。

（2）促销事件。企业利用一些大众都在关注的热点事件，如一些突发事件、节假日庆典事件、公益事件和营销组合改变事件，通过媒体的宣传和报道，提升促销事件参与率，树立企业形象，从而实现销售目标。

（3）促销活动。是指一系列新颖、有趣的活动，通过一些游戏竞赛、抽奖、送赠品、特价、以旧换新等来有针对性地吸引消费者。但在执行促销活动时要注意促销场景和内容要迎合顾客的需求，促销活动要有明确的主题，这样才能提升顾客的体验感，从而实现营销目标。

渠道管理专栏4

良品铺子的促销诀窍

1.企业简介

良品铺子作为网红新锐零食品牌，旗下线上天猫旗舰店目前拥有3254万粉丝，深受大众喜爱。

2.促销模式

（1）优惠SP——满减：满300减180。

良品铺子在它的旗舰店中常年设有“满减专场”页面，比起其他一些条件多多的优惠，良品铺子的满减优惠券跳转设置简单，消费者可以简单轻松地找到领取入口，直接领取。这类满减优惠券通常都是大额消费券，但良品铺子售卖的零食平均的客单价较低，消费者在选择商品的时候往往在不知不觉间将大量的零食放入购物车，起到刺激大额购买的效果。同时，在“满减专区”内的产品是有一定限制的，并不是店内所有商品都享有满减的折扣，这也是良品铺子清除积压库存的一大妙招，处理滞销商品。

（2）游戏化促销——边玩边领优惠。

消费者点进该页面，会发现需要通过小游戏来赢取积分，才能兑换该优惠券。这样的手段在营销中通常被称为游戏化营销。游戏化营销是指品牌将游戏化设计元素（常见的有等级、勋章、积分与奖励）运用到营销活动中，使目标用户产生类似做游戏的体验，从而提升品牌的服务价值。将游戏化放到促销上，也是相似的效果，消费者需要通过玩游戏获得促销的优惠券，从而达到促销目的。

（3）抽奖活动——下单即抽。

在良品铺子的首页，抽奖页面也设置得非常明显：良品铺子通过大额奖品刺激消费者的购买欲望，满足消费者“试运气”的心理，引发期望。这样的抽奖活动也是有一定门槛的，消费者不仅需要下单购买指定商品，还需要关注店铺成为粉丝。抽奖活动还有一个需要注意的点就是奖品的设置，太小难以吸引消费者；太大又需要控制促销的成本。可以看到良品铺子在奖项设置上是十分合理的，既有价值3150元的戴森静音风扇作为大奖，也有自家产品作为小奖，形成互补。同时，在抽奖页面良品铺子还会滚动播放中奖者名单，让消费者形成一种“中奖好像很容易”的心理，促进促销效果的达成。

（4）会员促销——1元购零食。

会员促销也是良品铺子零食促销的一大诀窍。对品牌会员来说，这是专门提供给他们的优惠，利于品牌建立长期稳定的市场，培养大批的品牌忠诚者，体现促销的长期效果。除了“1元购”以外，良品铺子的会员还设有积分兑换及会员升级机制，尊享不同特权，刺激消费者的购买。完善的会员机制帮助良品铺子拓宽市场，会员邀请朋友成为新会员，形成良性循环，用简单的会员让利就可以吸引大批量的新用户，可谓是明智的决策。

（5）组合销售——零食大礼包。

组合销售在零食等快消品的促销中尤为常见，良品铺子的零食大礼包也是如此。捆绑销售一是能帮助企业促进销售、提高利润；二是能为新产品起到宣传的效果，尤其是当新品与企业的畅销品进行捆绑销售的时候。对于消费者来说，捆绑销售的优点是价格划算，价格比单独购买更便宜；同时也很方便，能够满足多元的消费需求。良品铺子的零食大礼包也针对消费者渴望同时满足不同需求的心理，一款礼包推出8种不同的组合方式，差异化选品，满足不同消费者的需求。

3.经验总结

良品铺子深刻洞悉消费者的心理，选择了最合适零食品类，同时也是最合适自身品牌特色的促销方式。通过满减活动，游戏化促销，抽奖活动，会员促销以及组合销售这五种方式，高效率地完成促销，实现企业利润最大化。

（资料来源：作者根据多方资料整理而成）

7.新兴媒介

新兴媒介包括旗帜广告和网络站点促销两种。旗帜广告是指企业通过广告宣传来进行促销活动，促销范围广、影响力大是其最大的优势，但针对性差。网络站点促销是指企业利用自己的网络站点来进行促销活动，在彰显企业形象的同时能够详细展示产品，这样的方式能够快速简便地实施促销，同时成本较低、交互性强、成交率高，但检索困难是其最大的劣势。

8.选择促销传播媒介

选择传播媒介时要遵循目的性、内容适宜性和可行性三个原则，如表4-5所示。

表4-5 选择传播媒介需要遵循的原则

原则类型	特点	内容
目的性	与企业促销目标相结合	扩大销售额的媒介选择：电视、广播、售点媒介、DM（直投）、报纸、杂志等
		增加市场占有率的媒介选择：报纸、杂志最佳，电视、广播其次，再次为售点媒介、DM（直投）、户外媒介等
		树立企业或产品形象的媒介选择：报纸、户外、交通、赛场媒介；同时在电视、杂志上进行形象宣传

续表

原则类型	特点	内容
目的性	与目标市场相结合	全国范围的目标市场选择传播媒介应寻求单位成本低、广告信息总暴露量大的媒介组合，如电视台、电台、杂志、全国发行的报纸。区域目标市场可使用地方电视台、地方电台等针对性强的媒介
		根据受众特征及产品特征选择
内容适宜性	与营销环境相结合	社会意识形态的影响
		人口密度的影响：人口密度低的地区对媒介传播速度与传播范围的要求高
		文盲率的影响：文盲率高低直接制约印刷媒介的发行数量和范围。文盲率较高的地区宜采用电视和广播媒介说服顾客，售点媒介和户外媒介辅助。通过画面的直观形象和语言的通俗表达将促销信息传达给顾客
可行性	依据媒介实际情况	发行量
		受众人数
		有效受众
		传播媒介的特点

二、个性化销售促销

1.个性化营销理论

个性化营销是当今社会市场化经济不断发展后将最有利于发展的策略进行融合取舍所催生而出的新概念，它需要企业符合现存的市场发展趋势，是社会整体消费情况发展形成的客观规律，它将满足消费者个性化的需求放在营销手段的首位，是如今营销学发展的趋势与潮流，代表着最先进、最优质的企业营销能力，符合当今世界经济发展的客观规律。

简单来说，个性化营销是以顾客自身的需求为前提条件，针对不同顾客采取不同的方式。将营销观念从“以产品为中心”转变为“以顾客为中心”是个性化营销的关键。在个性化营销模式下，企业强调以顾客为导向，与其他的营销模式不同，个性化营销不以市场占有率为核心，而是追求顾客占有率；在营销管理中要重视不同顾客的不同需要，这样可以让企业及时掌握所有关于顾客的信息，从而洞察和分析其心理需要，因而使企业能够及时迅速得到市场的反馈和了解市场的信息，以便于自身产品的调整和优化。

个性化营销中的个性化主要包含两个方面：一是需要企业进行充分的调查，尽可能地挖掘顾客的喜好和使用习惯，设计产品时全面考虑顾客所需的个性化需求；二是需要企业在满足顾客个性化需求之外，尽可能多地开发企业自身产品特色，使产品及服务在市场上存在足够的辨识度与特色性，打造企业的品牌特色。通过这两个层面的个性化，使企业在有足够的创新力的同时保持较高的市场竞争力，能够在巩固老客户群体的同时，吸引不同年龄段的新客户的目光，从而拓展新的市场份额。

2.如何实现个性化营销

（1）从企业向客户的途径。从企业向客户的途径是指企业运用现代化的信息技术和管理手段，借助现有的大数据和人工智能等技术，收集客户的生活消费习惯和日常使用数据，通过这样的方式来分析客户的个性化需求，通过不断更新自身产品来满足客户的需求。但是在这种模式中，需要企业有非常强大的数据挖掘和分析能力，能够追踪每一位客户与企业产品相关的行为信息，从而分析客户的个性化需求。

但是这种方法也有很大的限制，首先受到技术上的限制，只有大公司或者产品使用人数达到一定程度，大数据分析才有意义，而一些小企业产品难以使用这些技术，而且不是所有的数据都可以被收集得到，也并非所有的行业都可以充分利用它；其次就是伦理问题，存在着一些比较严重的个人隐私被披露和泄露等问题，实际上，现在的大多数企业不知道哪些数据属于个人隐私，也不知道如何去保护客户的隐私，而相关政策暂时没办法提供相关指导。

（2）从客户向企业的途径。从客户向企业的途径其实就是私人定制模式，指的是企业根据客户的需要和要求来设计和生产产品。与从企业到客户的途径相比，对于企业信息收集的技术没有那么高的要求，企业只需要建立一个能与客户进行需求交流的平台，同时设计一个相应的生产技术参数模型，客户能够在这个交流的平台上按自己的喜好进行自由组合，然后企业按照客户的需求进行生产，这种模式需要企业拥有极强的生产制造能力。在定制模式上，企业可以根据自身的生产技术来进行选择，主要分为部分定制和完全定制两种。部分定制主要适用于一些生产技术相对复杂，更依赖于规模经济的行业，像一些汽车行业等。完全定制适用于对生产要求不高，生产制造相对简单，每件产品的价格都较低的行业和服务业。

这种途径最大的缺陷就是规模，不管是个性化产品定制还是个性化的服务提供，规模都难以提升，这可能会对企业的投入程度有所影响。但是，如果企业使用得当，则可以通过大量私人定制的积累，催生更加符合现在消费人群所需要的产品或者服务，也可以让企业排除过时的项目，从而提升自身品牌的价值。

（3）从客户向客户的途径。从客户向客户的途径指的是企业不会直接向客户提供产品，但是企业会提供一个能够让客户和客户之间交流和交易的技术平台，客户间能够自发在平台上交流并完成交易，在这种模式下，企业的收入来源主要来自广告或者抽成等形式。这种模式相比起从企业向客户的途径和从客户向企业的途径操作起来更加简单，企业付出的资源更少，通过客户之间的自行沟通完成交易，企业也不用过多干涉，只提供平台。这种途径比较适用于需要一定的专业技能和创造性的产品或者需要一定交流的服务，如产品的设计、在线教育和休闲娱乐等行业。

三、口碑传播促销

1.口碑传播促销的概念

口碑传播促销是企业在广大消费者中形成了良好的口碑，通过口碑效应，让越来越多的消费者了解企业，挖掘更多潜在客户，扩大企业的影响力，从而实现长远促销效益。

2.口碑传播促销的优势

（1）能够更好地挖掘潜在客户。有专家研究发现，人们出于各种不同的心理原因，往往会热衷将自己的产品经验或者体验主动转告给周围的人，当周围人听到积极正面的产品体验时，就会产生对此产品的兴趣，更容易从潜在客户转变为企业的目标客户。

（2）提升品牌忠诚度。一个企业在创立了良好的品牌后，在挖掘更多潜在客户成为新客户的同时，也会留住老客户，企业将会获取很多回头客，快速提升品牌的忠诚度，这些回头客是企业在进行促销活动时十分重要的宣传广告。

（3）避开和竞争者的正面冲突。口碑促销是利用老客户的使用体验进行的促销，这样的方式能够有效避开和竞争者的正面冲突。

3.如何进行口碑传播促销

首先，文化本身是具备口口相传的力量的，企业要重视企业文化，需要赋予品牌或产品一个生动而深刻的文化内涵，使产品容易被顾客记住；其次，要打造出一个极具特色的产品，这种特色要能够超出顾客的预期，让顾客觉得眼前一亮；再次，要关注顾客的建议和意见，及时给予顾客反馈，让顾客觉得自己的建议企业是很重视的；最后，企业可以利用促销媒介，如别出心裁的广告或是与众不同的促销活动，提升企业和产品的美誉度。其实，要想更好地实现品牌促销，最重要的还是要从产品本身出发，提升产品质量，重视消费者的使用体验。

4.口碑传播促销的操作技巧

（1）要准确、简洁地提炼信息。企业和商家往往会采取一系列的促销方式来向消费者传递信息，在传递信息的过程中一定要注意信息的内容，太过抽象会让消费者觉得难以理解。企业需要准确、简洁地提炼信息，让消费者立刻就能理解，同时又不乏新意。

（2）真实地传递内容。在进行口碑促销的过程中，人们口口相传，会使信息的真实性降低，而舆论的力量是很强大的。在真实传递信息的同时要注重新鲜感，企业要不断制造出新鲜的东西让消费者不断地想要去了解，这样的新鲜感也能够提升品牌的忠诚度。

（3）多方取证。企业在传递信息时，可以利用多个权威机构，通过权威信息向消费者传递产品的质量、性能等信息，增加消费者对企业和产品的好感，使用也更加放心，会有更加愉悦的购物体验。

渠道管理专栏5

网易云音乐口碑营销传播模式

1.企业概况

网易云音乐能够帮助用户查找和共享音乐。经过4年的发展，截至2017年11月15日，网易云音乐的用户数量已超过4亿人。

2.商业模式

（1）口碑传播参与者：精准性与多样性相结。

网易云音乐与杭州地铁合作，制作了以“看见音乐的力量”为主题的“乐评专列”。它的成功在于实现参与者准确性和多样性的统一。一方面，可以达到听众的准确性。根据一项调查，中国55.2%的在线音乐用户选择在旅行或开车时听音乐。网易云音乐的受众主要是年轻用户，而杭州地铁1号线将市区与大量乘客连接在一起，其中大多数是年轻人，从而提高了营销的准确性。另一方面，实现了听众的多样性。作为公共旅行的一种交通工具，不同身份和年龄的乘客为网易云音乐的潜在用户的发展做出了贡献。

（2）口碑传播内容：感染力与形式新颖并重。

网易云音乐“乐评专列”的内容特点是注重魅力和形式。首先，从用户的良好评论中选择在地铁中撰写的“血肉丰满”的和“扎心”的音乐评论。内容具有极强的感染性，并引起人们的共鸣。例如，“你别皱眉，我走就好”“究竟有多喜欢你，才会温柔成这个样子”。其次，网易云音乐地铁音乐评论的副本将以白色文本显示在红色背景上，使用红色作为背景并突出显示副本的内容。最后，与地铁相对封闭的环境和大量人流相伴的是文案传播遍及整个车厢，对他们而言，情感感染的影响就像是草原之火。

（3）口碑传播渠道：线上与线下相结合。

网易云音乐的“乐评专列”选择了在线和离线方法的组合。地铁被用作离线营销活动的工具。作为公共交通系统，地铁每天运载着许多人。选择地铁作为离线战场进行广告投放肯定会完美地吸引听众。官方微信公众号已被选为推广平台，音乐评论列车在运营期间，微信的官方账户使用事件、音乐评论文本，以及报告公众故事的方法发表了许多文章。其中，2017年3月20日发布的“我想做一个能在你的葬礼上描述你一生的人”获得了10万次以上的阅读量，引起了观众的共鸣，并大大增强了广告效果。

（4）口碑传播效果：引发共鸣，激起参与和分享。

随着网易云音乐的出现，用户的收听习惯已经改变。越来越多的用户在听歌的同时阅读评论。通常，阅读评论的时间比听歌曲的时间长得多。

歌曲的评论内容是用户自己的个人体验，用户在收听歌曲时很容易产生共鸣。在“乐评专列”的营销活动中，音乐评论的内容是从用户的精彩评论中挑选出来的，充满了故事性和魅力。在传播过程中，许多乘客进行了地铁音乐评论，并以图形格式发布了评论。

3.经验启示

口碑营销对网易云音乐的发展起到了重要作用。不仅帮助企业挖掘潜在客户，提高产品的购买率，提升客户的忠诚度和满意度，而且帮助企业降低营销成本，与此同时还帮助企业建立竞争力，维持品牌形象并增强品牌知名度。网易云音乐的口碑营销也具有一些其他的重要功能，它强调口碑参与者的准确性和多样性的结合，以及传播内容的吸引力和创新形式。网易云音乐启用了在线口碑传播渠道与离线集成的效果，在口碑传播方面已经达到了引起用户共鸣和激发用户共同参与的效果。

（资料来源：作者根据多方资料整理而成）

第三节　分销管理

从管理结构上看，渠道分销分为直销和分销两大类。分销的层级一般是厂商—中间商—最终用户。因为考虑到中间商的生存空间及利润保证，所以分销的价格在理论上会比直销高，其优势是能让产品从厂商转移到最终用户端的整个过程顺畅、有效，同时消除或缩小产品供需之间在时间、地点、需求满足上的差异。

一、分销策略

1.分销的概念

分销其实就是指产品通过一定渠道销售到消费者手中。随着互联网的出现，不断演变，现在的分销大多指的是线上线下结合的分销平台。换句话说，分销的“玩法”在于，分销商直接或间接地给平台带来持续价值。

通过分享+信任的经济模式，结合拉新、卖货的方式，达到平台与分销商共赢的局面。

2.分销渠道策略的含义

分销渠道是指制造商将产品生产完成后，流入到消费者手中所需要经过并拥有其所有权的所有组织和个人，包括制造商、中间商和最终消费者。制造商按照消费者的需求制造产品并通过市场分销渠道，以特定的方式在适当的时间和地点，以消费者可以接受的价格销售给最终消费者，不仅满足了消费者的需求，而且还可以让渠道商通过销售赚取利润。

简单来说，分销渠道策略就是企业选择在什么时间、什么地点，以怎样的方式向消费者提供商品和劳务，将产品推送到目标市场。

3.分销渠道策略的类型

（1）密集分销。密集分销，即广泛分销，企业可以选择众多的中间商推销自己的产品，只要符合企业要求的中间商都可以申请加入。在密集分销中，企业的产品可以被更多人看见，让更多人感知和购买产品。但是其缺陷也是十分明显的，企业无法挑选中间商，对分销商的管理难度也更大，管理成本也会更高。

（2）选择分销。选择分销，供应商在不同的市场选择不同的中间商来推销自己的产品，如特约代理商或特约经销商等。它的优点是生产厂商对渠道的控制力较强，成本较低，既可获得适当的市场覆盖面又保留了渠道成员间的竞争，防止分销商的怠惰；缺点是分销商之间的冲突明显，渠道内耗严重，加大了管理难度。

（3）独家分销。独家分销在同一时间在某个市场上只选择一家中间商销售自己的产品。适用于贵重、高价、需提供特殊服务，以及一些名牌的商品，企业会选择一个中间商为其销货，该中间商不得同时经销其他厂家的同类产品。

三种不同分销渠道的差异如表4-6所示。

表4-6　三种不同分销渠道的差异

类型	分销商	市场覆盖面	竞争性	控制力	风险度	适用产品
密集分销	众多	广	高	弱	小	日用品
选择分销	有限	较广	较高	较强	较小	选购品
独家分销	一家	小	低	强	较大	特殊品 新产品

二、分销管理内容

企业在根据自身发展需要选择分销渠道模式和渠道组合方式之后，就需要对各分销渠道模式下的渠道成员进行选择、激励、评估和调整，从而找到适合企业不断发展的渠道并制订有针对性的渠道管理策略。

1.选择渠道成员

对于一些知名度高、影响力广的制造商，其寻找合适的渠道商是相对比较容易的；而一些知名度低、新的中小型制造商，比较难找到合适的渠道商。不管遇到什么困难，制造商都应按照下列条件选择渠道成员：①经营理念是否与制造商相近，能否接近制造商的目标市场；②市场占有率有多高；③是否熟悉制造商产品的销售目标和销售对象；④是否有跟制造商相互促进的经销产品；⑤是否有主推的意愿和决心；⑥资金规模、资信水平、经营历史年限和经营业绩怎样；⑦经营设施，如运输、仓储和展示水平怎样；⑧员工数量和素质如何；⑨销售和售后服务水平的高低；⑩日常运营管理能力和市场信息反馈能力的强弱。

2.激励渠道成员

为促进销售，实现市场目标，制造商需要制订政策和措施，激励渠道商全力以赴对制造商产品进行主推，从而提升销售。同时，制造商制订激励政策时，一方面需换位思考，充分考虑渠道商的诉求，不能一味地从自己的利益和观点出发；另一方面必须避免过度激励和激励明显不足两种情况。

3.评估分销渠道

制造商需要定期评估各级渠道商的绩效，评估要做到客观公正。如果评估后发现，渠道商的绩效低于设定的标准，则在充分调查、深入分析后找出主要原因，通常有几种方式可以解决：一是可以切换渠道商，切换更合适的渠道商可能会为企业带来更大的经济效益，但需要注意的是，切换渠道商并不一定能缓解当前的局面，如果局势更加糟糕，那么所花费的成本只能由企业自行承担；如果切换后情况有所好转，那么就要按销售合同，及时督促原渠道商改进工作，不然就取消其资格。二是分析原因过后，判断是否为外界原因导致，如果为外界原因导致，则及时整改。

（1）经济性标准。经济标准是企业营销的根本出发点。在分销渠道评估中，应当对分销渠道决策所能引起的销售收入增加与实施这一渠道策略，所需要付出的成本进行比较分析，从而评估分销渠道决策是否妥当。一是静态效益比较，是指确定一个时间点，对各种不同方案可能会产生的经济效益进行比较，在众多方案中选择经济效益最好的方案；二是动态效益比较，是指比较各种不同方案在执行过程中所产生的成本和带来的收益变化，从中选择收益增长超过成本增长的渠道方案；三是综合因素分析比较，通过分析影响分销渠道选择的因素，主要包括市场、产品、制造商本身、渠道商和环境等。企业可以使用计算机模拟法、数字模型等来进行综合评估。

（2）控制性标准。分销渠道的稳定性对于企业实现长期稳定的发展，达到销售目标，起到十分重要的作用。除了经济效益以外，制造商还需要考虑自身对其分销渠道能否实行有效的管理和控制。企业最容易控制的渠道是自建渠道，但由于成本高、市场覆盖面窄，在进行分销时很难充分利用。在利用中间商进行分销时，制造商要考虑能否较大限度地掌控中间商。

（3）适应性标准。在评估各种渠道方案时，应当考虑渠道方案对实施区域是否适应，时间是否正确，渠道商多少最合适。

第一，地区适应性。在建立产品分销渠道前，应对该地区的生活消费习惯、消费水平和市场环境进行充分考虑。

第二，时间适应性。如产品上市初期可选择给所有渠道商经销，以便迅速扩大市场，在产品生命周期后期可以选择给某个渠道商独家包销，在提升渠道商利润空间的同时获取该产品的最后价值。

第三，渠道商适应性。制造商应根据各个市场上渠道商的不同状态采取不同的分销渠道策略。如在某一市场若有一两个销售能力特别强的渠道商，渠道可以窄一点儿；若不存在表现突出的渠道商，则可采取较宽的渠道。

（4）调整分销渠道。制造商可根据市场环境的变化、自身发展状况的调整对渠道结构进行调整。比如，增减渠道成员、增减销售渠道和调整分销系统。

三、互联网下分销管控实践

1.分销渠道控制的内涵

分销渠道控制是一个渠道成员对另一个渠道成员的行为与决策变量施加影响的过程。渠道政策如果没有进行管理控制，就无法起到预期的激励效果。

2.分销渠道控制的特点

（1）施控者与被控者之间各自独立。施控者既有可能是厂商，也有可能是中间商，但是不管是谁在控制整个渠道，制订渠道政策，这两者在法人资格、利益、文化、企业战略和行为方式等方面都有显著的差别。例如，美的和国美电器，美的作为生产厂商和国美作为一个大型家电连锁商之间在利益、文化和战略上都会有很大的区别，这也增加了渠道合作的难度。

（2）相互依赖、互惠互利。这是渠道这一“超级组织”得以建立、发展和维持的基础，也是渠道控制的前提。渠道成员之间的合作就是互相妥协的过程，也是利益重新分配的过程。

（3）平等原则。渠道成员之间是建立在平等原则上进行沟通的，而不是建立在层级制度上命令和指挥对方。

3.分销渠道控制的类型

分销渠道控制的类型一般来说可以采用两种分类方式，一种是按照渠道控制的程度来划分，另一种是按照渠道控制的内容来划分，具体如下。

（1）按照控制的程度分类。按照分销渠道控制的程度可以划分为绝对控制和低度控制两种类型，如表4-7所示。

表4-7　按控制程度划分渠道控制类型

类型	内涵	说明
绝对控制	制造商不仅能够决定负责产品销售的中间商的数量、类型和地理区域分布，而且能够支配这些中间商的销售政策和价格政策	如大众汽车公司专门把广州市场划分为若干区域，每一个区域都有一名业务经理专门负责，业务经理对本区域内的每一个中间商的资料都详细掌握，并及时根据市场变化及中间商的表现进行政策调整，确保渠道畅通，保证企业获得良好的经济效益

续表

类型	内涵	说明
低度控制	通过对中间商提供的具体帮助来控制渠道成员，这种控制称为低度控制或影响控制	大多数企业的控制都属于这种方式，它们通常采用的方式有向中间商派驻商务代表，与中间商进行多方位的合作（如联手开展广告宣传、促销、公关活动，共同进行产品研发与改进，以及共同进行市场调查、售后服务等）；对中间商进行培训、激励（如向中间商进行有关销售管理、存货控制及有关产品的专业知识培训，奖励业绩突出的中间商或向中间商提供价格交易条件上的优惠等）

（2）按照控制的内容分类。按照分销渠道控制的具体内容来分，一般可以分为利润控制、目标控制和实施过程控制三种类型，如表4-8所示。

表4-8　按具体内容划分渠道控制类型

类型	内涵	说明
利润控制	通过不定期调整各级中间商的利润来控制渠道成员	产品的销量和购销差价直接决定了中间商的利润，并且与这两项呈正相关。企业既要保证分配给中间商颇具吸引力的利润空间，又要确保渠道成员间

续表

类型	内涵	说明
		利益的相互平衡，避免个别中间商因收入过多、实力增长过快而掌握渠道的控制权
目标控制	通过为中间商设置各种经营目标来控制中间商行为。包括销售量、销售额目标、市场占有率目标和新客户开发目标等	渠道成员间保持战略目标的一致性是渠道长期稳定发展的前提条件，同时渠道管理者应在经营管理的过程中，协助中间商对其营销目标的执行情况进行评估，及时调整实施策略或营销目标，确保企业目标的顺利完成
实施过程控制	通过对中间商的具体经营活动来控制中间商行为，从而确保中间商的努力和投入程度	如对中间商进行库存控制、促销方案控制及执行情况的监控等

4.分销渠道控制程序

（1）设计渠道控制标准。①定性标准。②定量标准。

（2）对分销渠道运行情况进行监测与评价。

（3）纠偏。①制造商通过修改或调整渠道目标策略适应环境的变化。②引导渠道成员采用更加合理、先进的工作方法，这样能够有效提高渠道工作效率与合作水平，努力使渠道工作达到控制标准。

章末案例

视频号也来掺一脚，直播到底有没有搞头

1.企业简介

2020年年初，张小龙宣布微信将上线短视频内容平台，在短短不到一年的时间里，视频号完成了从1月小范围内测到6月底张小龙朋友圈暗示用户数量突破2亿人，从9月上线“视频号推广”小程序到10月打通微信小商店开始直播带货。单从用户数量来看，视频号用了不到一年的时间完成甚至超越了其他短视频平台四五年的成绩。

2.商业模式

（1）微信原生玩家：利用公众号圈养私域流量。

2020年11月9日晚，坐拥3000万粉丝的微信大号“夜听”创始人刘筱首次在视频号进行直播带货，各项数据表现不俗，刘筱开播5分钟后，直播间在线人数达到2.1万的峰值，在直播3个半小时后，直播间在线人数依然稳定在4000人左右。在直播前几天，他就已经在“夜听”公众号发布预告推文，欢迎大家到视频号预约自己的直播。最终，在直播前刘筱已经获得了6万人次的预约。当用户完成了直播预约，视频号后台会在开播前进行提醒，能够有效地帮助视频号抓取用户。

在本场带货直播中，刘筱准备了手机、平板电脑、日用品等福利秒杀商品，一方面是宠粉，另一方面也是为了提高直播间的活跃度。同时，在直播中，刘筱宣布了未来对视频号有一个“357计划”，即基于粉丝量3000万+的公众号“夜听”，投入5000万元，引流出7个视频号直播间。他负责综合直播间，其他6个直播间，分别由一位专业主播负责。未来可能会包括美妆、母婴、零食等。从某种程序上看，这意味着刘筱将把微信视频号作为自己直播带货发力的主战场，而在其他短视频平台，刘筱暂时还没有进行直播带货的动作。

由此可见，对一些成熟的微信大号来说，前期可以利用公众号内的粉丝进行引流蓄水，通过预告提升直播间的预约人数，选择带有福利性质的

秒杀商品带动直播间活跃度，先将名气打响。在公众号领域积累的粉丝，本身就已经是大号们的先发优势，对深知微信生态的他们来说，视频号无疑是切入视频直播最好的入口。

（2）平台玩家先内容流量再直播。

如果说微信大号是借助原有的私域流量发展视频号，那么平台达人就是靠短视频作品先在视频号站稳脚跟，然后再发展直播带货。

走红于快手，目前位于视频号榜单头部的“霹雳舞凯凯”就是典型的平台达人。2020年6月21日，霹雳舞凯凯在视频号上传了自己第一条在工地跳霹雳舞的视频，截至目前，首页置顶的两条短视频点赞、评论都超过10万个，网友评论他是“一个被建筑耽误的超级舞者”。或许是万物都逃不了直播带货定律，11月18日，霹雳舞凯凯在视频号开始了自己的带货直播首秀。在直播前几天，霹雳舞凯凯发布了两条预热视频，提醒粉丝预约直播。当晚直播同样以粉丝福利为主，不仅包括0元秒杀小商品，还有其他抽奖赠送的家用小电器，大多都是低价白牌商品。当晚直播间人数稳定在400左右，不少秒杀小商品上架即空。与此同时，也有不少观众是冲着看凯凯跳舞去的，但当晚主要以带货为主，舞蹈表演较少，因此也有观众在评论区留言“想看凯凯跳舞，不想看他卖货”。

除了平台达人以外，视频号带货直播或将为微商大军提供新的秀场。众所周知，微商前几年一直都没有被舆论正名，大多数都是在朋友圈散发小广告，层层经销商的代理模式本质上同样是熟人社交。对比以往只能进行图文传播，视频直播的出现无疑为他们提供了更易传播的渠道。

与此同时，微信视频号本身就支持陌生人打招呼的功能，在此情况下，极大地便利了微商添加好友的途径。再加上朋友点赞的视频号会优先显示，更利于打造销售闭环。

3.经验启示

不管是从微信生态孵化的原生头部公众号主，还是平台走红的达人，或是微商大军，视频号直播带货逐渐成为众人讨论的话题中心。虽然目前视频号陆续出现直播带货的爆款，但销售方面显然不及抖音、快手等短视频电商。

2020年11月23日，国家广电总局下发了《关于加强网络秀场直播和电商直播管理的通知》，严格规范带货直播点击量虚高、成交量虚高、“打赏”金额大的行为。由此可见，平台对明星、头部主播直播带货的监管将逐渐收紧，数据造假、刷单等行为将被严厉打击。在此背景之下，微信视频号带货直播可能很难重演当年抖音、快手“轻松破亿”的战报辉煌。但从另一个角度来看，严规之下也意味着大家回归到同一起跑线。

总体来说，视频号与其他短视频平台相似，分发逻辑同样是基于内容本身，如何打磨出优质的内容、吸引用户留存带货才是重点。只有当变现的根本回归到内容时，视频号才能实现更长久的发展。

（资料来源：作者根据多方资料整理而成）

本章小结

一般来说，一个产品从制造企业生产出来后，除了直接被销售到消费者手中，往往还要经历一系列中间商渠道，包括代理商、经销商、分销商，以及在它们之间安置的相应商店等，通过这些中间商家，并经历了相应业务流程的整个过程，就是销售渠道的整体内涵。在对销售渠道进行管理时，首先是渠道定位，渠道定位是制造商通过提供比其他竞争对手更好的产品、服务、财务收入、项目和系统等而获得的在分销商中的一种信誉；其次是进行销售团队建设，建设好团队才能高效率地完成团队战略目标；最后是进行销售市场开拓。

第五章

客户服务管理

人心都是肉长的，你对人家好，人家也就对你好；只要想办法让员工把公司当成家，员工就会把心放在顾客身上。

——海底捞董事长　张勇

开章案例

富德生命人寿：客户服务

1.公司简介

富德生命人寿保险股份有限公司（以下简称富德生命人寿）2020年在深圳成立，是由深圳市国民投资发展、富德金融投资控股有限公司等控股的一家全国性的专业寿险公司，在国内的寿险公司中具有较强的实力。

2.创新服务形式，富德生命人寿“家•恋”客户服务活动品牌再谱新篇

现代营销不仅仅是产品主导市场，还需要消费者体验来提升服务价值。富康生命人寿通过举办客户服务活动，以“家·恋”为主题，为客户带来多样的服务体验，通过体验营销使客户能够积极参与公司举办的活动，从而进一步提升客户满意度，增加公司服务品牌的影响力。

（1）“春声·迎福”VIP新春艺术季。

受新冠肺炎疫情影响，2020年VIP艺术季分阶段在全年陆续开展。1月初，5场艺术盛宴率先在甘肃省、湖南省、江西省、浙江省、大连市等地拉开帷幕，经典舞剧《丝路花雨》、杂技音乐剧《胡桃夹子》、奥斯卡经典电影视听音乐会等艺术活动先后上演。疫情期间，艺术季于2月至3月在线上推出多篇艺术内容，通过“音乐类电影佳片推介”“古典乐里的春天”等推荐内容与客户开启云陪伴模式。随着疫霾渐散，国内复工复产，各大影院、剧院、艺术中心在采取防护措施下陆续开业，近10场线下艺术季活动也在部分地区适时推出，与客户再度相逢。

（2）“夏长·共进”第十四届客户节。

随着国内疫情防控形势持续向好，夏季重返生机与活力。借助夏天的热烈的氛围，公司通过举办有关科技、健康、美育的相关主题，进行线上、线下的互动，帮助客户改正不良习惯，养成良好的生活习惯。同时，由于美育活动的展开，举办的亲子活动超过500多场，超百万人参与，包括少儿绘画大赛、美术/音乐美育沙龙、全家总动员亲子活动、航空研

学、科技馆参观、水上运动会、亲子瑜伽等现场活动。

（3）“秋光·凝彩”温情回馈季。

承文化精粹，习国风家训。富德生命人寿精心策划“秋光凝彩·岁月流金”摄影大赛，聚焦“文化传承”，用镜头记录蕴蓄在生活中的传统文化影像，和客户一同领略各民族文化特质与精神文明风貌，感受薪火相传的山河岁月。经过两个月的大赛征集，共收获作品近1.6万幅。同时，线下温情回馈活动在全国各地百花齐放，创意手工体验、木版画制作、传统陶艺体验、户外摄影采风、茶艺研学等70余场现场活动暖心助力。

（4）“冬暖·寄康”健康感恩季。

作为2020年“家·恋”年度客户服务活动的冬季篇章，富德生命人寿结合社会热点及传统节日，围绕健康、感恩、公益等主题在线下开展温馨全家福拍摄、健康讲座、养生文化分享、传统技艺研学、中式插花、亲子压花台灯制作等现场活动30余场。通过零距离的现场互动，与客户搭建起了个性化的沟通桥梁。

“家·恋”主题和活动，通过四季的形式实现服务全年无休的目标，能够使客户的体验越来越丰富，满足客户多元化、个性化的需求，不断提升服务的质量。

3.“富德心服务”正式上线，打造“一站式”客户服务平台

2021年1月18日，为提供更快捷的客户服务，富德生命人寿再次发力“保险+科技”端，上线了集健康、VIP、客服活动等各项增值服务于一体的“富德心服务”小程序。

近年来，保险领域科技赋能的话题热议不断。富德生命人寿也于近年聚焦数字化转型，从产品、服务、运营等多个层面进行了诸多探索及实践。此次上线“富德心服务”小程序，就是一次旨在提升客户体验的有益探索。富德生命人寿相关负责人介绍，该小程序分为健康、VIP、客服三大板块，可一站式解决客户多样化的服务需求，客户不需要下载，只需在微信搜一搜‘富德心服务’小程序，即可极速进入并使用各项功能。

“富德心服务”小程序界面显示，在“健康服务”板块，就有在线问诊、疾病自查、电话医生、预约挂号等项目，客户可以足不出户就能体验

到健康类增值服务。此外，客户还可以浏览健康资讯，掌握养生、防病、美容、运动等各类健康知识。在“VIP服务”板块，VIP客户可一站式完成查询等级、保费、了解服务规则与详情等多项操作。平台会根据账号绑定的客户信息，自动判断客户的VIP等级，第一时间提供所需服务。在“客户服务”板块，客户可在客户服务活动专题页面了解活动信息，还可直接参加齐聚“大咖说”系列线上讲座活动，解析法律要点，分享健康知识。“资讯很多，很方便，以后都不用自己跑腿了。我觉得挺好的。”近日，富德生命人寿的客户王女士在使用“富德心服务”小程序后反馈道。

据了解，该平台正式上线前，富德生命人寿还特意邀请了来自全国各地不同职业的100名“增值服务体验官”参与了平台的测试、验证工作，并根据他们提出的建议持续进行相关优化工作。富德生命人寿相关负责人表示，公司将坚定不移地以客户需求为导向，不断优化、迭代平台各项功能，在为客户提供全面保险保障的同时，加速数字化转型升级，实现差异化竞争，朝专业化转型的目标不断迈进。

4.发展总结

保险行业一直以来的竞争都十分激烈，由于在产品上的差异不大，独特的服务对于企业的竞争力十分的重要。富康生命人寿通过增加与客户互动，以及打造一站式服务的客户服务平台提升客户服务质量，使客户享受到优质、便捷的服务。

（资料来源：作者根据多方资料整理而成）

第一节　客户服务

在销售的过程中，我们要不断地为客户提供服务。客户服务主要是从销售过程中的三个阶段来为客户提供服务、创造价值，主要包括售前、售中和售后三个阶段。其中，售前服务的具体内容包括为客户提供产品信息及其他相关信息，向客户介绍和说明产品及服务功能，接受客户的询问等；售中服务的具体内容包括接受客户预订或下达订单，将产品配送到消费者手中，同时为客户安排好产品安装等事项，为客户提供其他相关的服务等；售后服务的具体内容包括接受客户的抱怨和投诉，并处理好相关的投诉事项，产品的维修和退换，客户信息的建立及后续的服务跟踪。除此之外，在整个客户服务过程中，应该为客户提供合适的服务时间、服务地点和服务体验等。

一、服务过程中的客户感知

1.客户感知的定义

客户感知是客户在体验服务的过程中所产生的“真实瞬间”，对客户的服务感知产生直接的影响，同时还对企业的服务质量有着重要的影响作用。因此，企业在服务的过程中应该注重客户感知的产生与发展，避免因为客户产生了不好的感知，对企业产生误解，破坏企业在客户心中的形象。

2.客户感知的重要性

（1）充分收集信息，明确在为客户提供服务过程中的接触点，建立客户感知接触点的信息数据库。

（2）把握客户对服务的感知，在接触的过程中不断改进服务，稳定服务质量。

（3）以客户的需求为核心，不断探索客户动态性和多元性的需求，在为客户提供服务的过程中，根据客户的意见不断对服务质量进行改进，打造客户服务竞争优势。

客户感知可以成为衡量服务质量的重要标准，客户感知既能够提供量化和细节的工具来对企业的服务人员的工作进行衡量，又能够获得较为准确的结果，帮助服务质量的提升和改善。在互联网时代，移动互联网正在充分发挥其技术优势，不断推动市场主导权向客户端转移，企业逐渐将客户置于营销决策的中心，重视客户的感知和体验。同时，有的企业会因为对客户体验和感知的忽视而逐渐被市场淘汰。因此，在此种情境下，企业必须将客户感知和体验放在重要位置，从而为企业获取忠诚客户、提升服务质量、应对激烈的市场环境积蓄力量。

二、客户关系

1.客户关系的定义

客户关系是指企业和客户之间的相互影响和相互作用，强调企业和客户之间的相互联系。企业和客户之间不仅仅是买卖关系，同时还强调其中的利益关系和伙伴关系。客户对企业来说既是利益相关者，也是企业的合作者。客户通过购买行为来增加企业的利润，同时企业使客户获得价值，两者是一种互利共赢的利益关系和伙伴关系，只有有效维持良好的客户关系，才能使这种交换持续下去。但是，不论是哪种关系都有它的生命周期，即关系的建立、发展、成熟、破裂、恢复或结束，都需要不断地维系才能持续发展下去。

客户关系强调的是企业和客户之间的关系，其本质上还是人和人之间的关系，但是客户关系却不同于普通的人际关系，其中蕴含着更加直接、真实及建立在利益基础上的“人际关系”，企业要为客户创造更多的价值，要注重客户的利益，要有坚实的利益基础。

2.客户关系管理

客户关系管理是一个系统工程，通过不断提高产品质量，增加客户满意度和忠诚度，与客户之间保持长久的、稳定的、信任的合作关系，从而帮助企业吸引新客户，维系与老客户的关系，提升企业效益和在市场上的竞争优势。客户关系管理主要包括三个部分：客户关系的建立、客户关系的维护、客户关系的破裂与恢复，如图5–1所示。

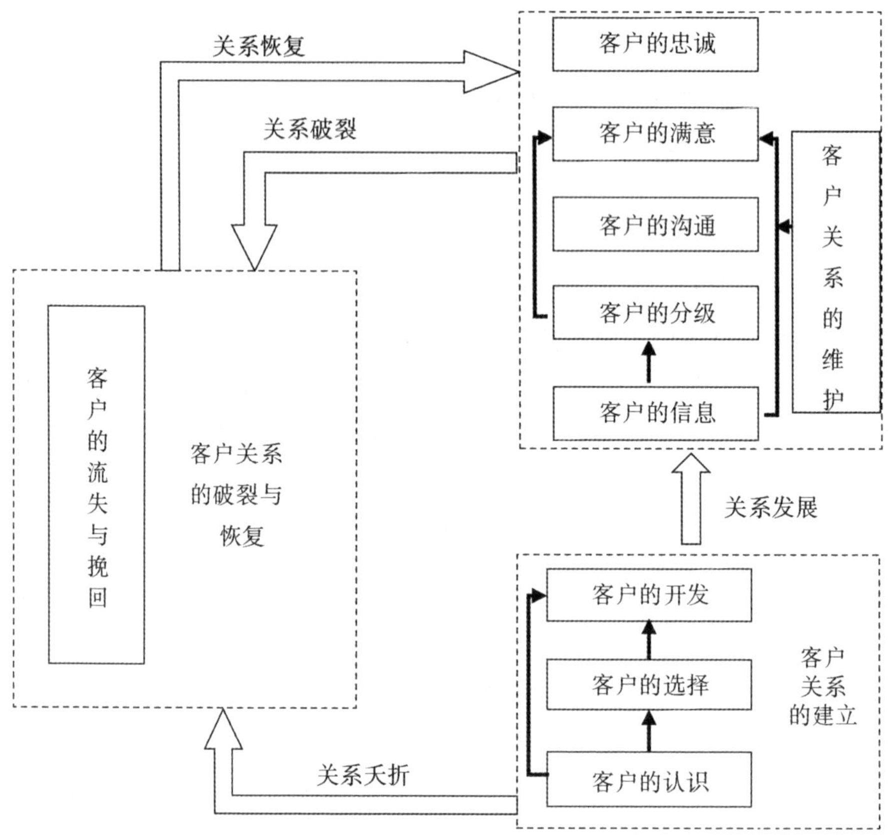

图5-1 客户关系管理

（1）客户关系的建立。客户关系的建立就是为了能够让潜在客户和目标客户产生购买欲望和采取购买行动，使潜在客户成为企业的现实客户。因此，企业在建立客户关系的过程中需要经过三个环节：客户的识别、客户的选择和客户的开发。

①客户的识别。客户的识别主要有两个重要的内容：识别客户的价值和识别客户的状态。企业的资源是有限的，并不是市场上的所有客户都是企业的目标用户，企业要有针对性地选择企业所要面对的客户。

第一，识别客户的价值。客户的价值主要是指客户对企业的价值。我们经常会将客户的价值、客户价值以及客户关系的价值三者混淆，在这里做一下区分，客户的价值不仅仅是指客户的购买行为为企业带来的利润，同时还包括客户为企业创造的其他利润；客户价值是客户期望能够从产品或服务中获得的价值；而客户关系的价值是指客户与企业两者之间的良好关系能够为企业带来的价值。

第二，识别客户的状态。不同状态的客户具有不同的价值，需要使用不同的营销策略，因此我们需要进行区分，才能“对症下药”。根据客户的状态，将其分为：潜在客户、目标客户、现实客户、流失客户、非客户。

不同状态的客户可以相互转换。如潜在客户和目标客户可以成为现实客户，而现实客户也会由于某种原因成为流失客户或者非客户。其转化流程如图5–2所示。

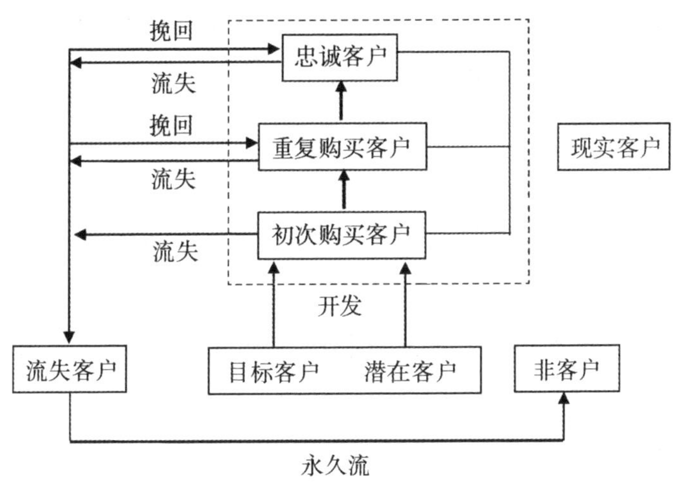

图5–2　客户状态的转换

②客户的选择。在客户的选择方面，企业需要考虑两个重要的部分，一是为什么要选择客户，二是选择什么样的客户。

第一，为什么要选择客户。在以买方为主导的市场条件下，产品及服务在市场上极其丰富，客户有更多的选择权，客户可以选择企业，而企业却不能选择客户，“客户至上”便体现了当下的市场倾向。但是从另一个角度来看，企业又必须选择自己的客户，主要原因有四点：一是并不是所有的购买者都是企业的客户；二是并不是所有的购买者对企业都有价值；三是选择正确的客户是企业成功开发客户、实现客户忠诚的前提；四是选择正确的客户有利于企业定位明确。

第二，选择什么样的客户。有效的市场细分能够帮助企业找到属于自己的目标客户，将资源集中投放在能够产生最大价值的目标客户上，满足客户的同时使企业获得最大利润。因此，选择到好的目标客户对企业来说是十分重要的，好的客户应该具有以下特征：一是购买力大、购买欲望强，有足够大的需求量来推动企业生产和提供更好的服务；二是客户的购买能够保证企业盈利，同时对价格的敏感程度低，有良好的信誉，及时付款；三是服务成本相对较低，最好的情况是没有服务成本或对服务的要求较低；四是客户的经营状况的风险小，在之后较长的一段时间内需求没有较大的变动，企业有足够的资源对客户关系进行维护；五是乐意与企业建立长期的合作关系。

③客户的开发。客户开发简单地说是指将潜在客户和目标客户发展成为现实客户的过程。这不仅是新企业的任务同时也是老企业要一直做的事情，老企业在维系老客户关系的同时也要不断开发新客户，在增加客户的数量、增加市场份额的同时能够及时弥补流失客户的缺口。企业客户的开发策略可分为两种：以营销为导向的客户开发和以推销为导向的客户开发。

第一，以营销为导向的客户开发策略。是以产品和服务为中心来促进客户购买行为的产生，也就是说，企业通过为客户提供令人满意的产品或服务，利用有效的营销渠道、促销手段吸引潜在客户和目标客户，从而实现客户开发的过程。

第二，以推销为导向的客户开发策略。不同于以营销为导向的客户开发策略，它没有过多地强调产品、服务、渠道和促销手段等营销策略的作用，而是强调人的作用。通过积极的人员推销，引导和劝说客户产生购买行为，从而将潜在客户和目标客户转变为现实客户，实现客户开发的过程。

（2）客户关系的维护。客户关系的维护是指企业投入一定的资源来对企业和客户之间的关系进行巩固和进一步发展，使这种利益关系更加稳固的动态过程和策略。

①客户的信息。客户信息对客户关系的维系十分重要，客户关系是企业决策、客户分级、客户沟通和客户满意的基础。由于不同的企业面对的客户类型是不同的，因此应该根据客户的类型对信息进行分类，一般来说可以分为个人客户和企业客户两种，客户信息的分类有利于客户信息的管理。

②客户的分级。客户的分级是指通过衡量不同客户对企业的价值和重要程度，将客户分为不同的等级，从而使企业更好地调配资源，制订更加合适的营销策略。由于不同的客户会给企业带来不同的价值，同时具有差异性的客户也拥有不同的需求满足点，所以应针对差异性客户的不同价值配置相应的资源来满足客户的需求。不仅如此，客户分级对于客户沟通工作也是十分有利的，能够有效实现客户满意。

根据客户为企业创造价值的大小进行分类，可以得到“金字塔”模型，如图5-3所示。

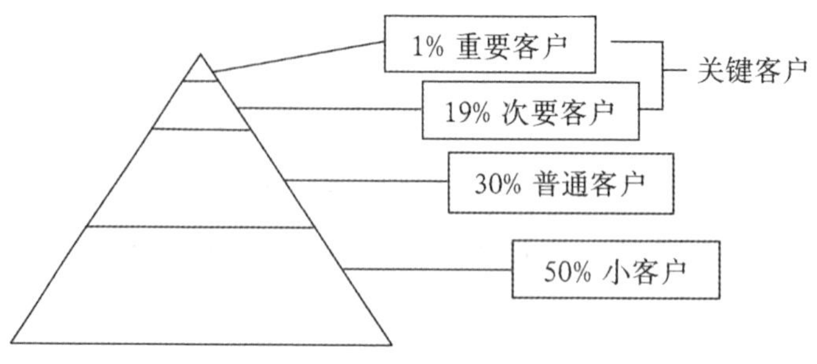

图5-3　客户层级“金字塔”

不同客户类型的比较如表5-1所示。

表5-1　不同客户类型的比较

客户类型		购买频率	价格敏感程度	忠诚度	客户价值
关键客户	重要客户	高	低	高	高
	次要客户	高	高	较高	较高
普通客户		一般	高	低	低
小客户		低	高	低	低

③客户的沟通。客户沟通能够促进企业和客户之间的信息交流，是一个双向交互的过程。通过沟通，能够有效地将产品和服务信息传递给客户，能够使客户形成良好的认知，给客户留下深刻的印象，帮助客户识别。此外，通过沟通还可以收集客户对企业产品或服务的评价、意见及抱怨，减少客户的流失。

④客户的满意。客户满意对企业来说，是长期发展的重要条件之一，同时也是对抗竞争对手的最好手段，是实现客户忠诚的基础。影响客户满意的因素有很多，如客户期望，不同的人对产品或服务的要求不同，同样

的产品或服务会产生不同的结果，期望高的人相较于期望低的人更难产生客户满意。客户感知价值是指客户在购买的过程中所能够感受到的产品或服务带来的价值，感知到的价值越大，越容易产生客户满意。因此，企业要实现客户满意，可以根据客户满意的影响因素来提高客户满意。

⑤客户的忠诚。客户忠诚就是客户对自己偏爱产品和服务的重复购买行为，不受市场竞争和其他外界因素的影响而发生转移。客户忠诚相较于客户满意，与企业有更加深层次的情感交流，与企业也有更多的联系。忠诚的客户能够对企业有更多的包容，当企业的产品或服务出现某种问题时，客户能够保持接受的态度，同时对企业进行反馈，提出有建设性的意见，不会影响客户的购买行为。

（3）客户关系的破裂与恢复。当企业与客户关系破裂成为既定事实的时候，企业应该出台激励政策恢复客户关系，否则将造成客户的永久流失，无法挽回。在买方主导的市场中，竞争十分激烈，同质化的市场使客户的转换成本降低，很容易存在客户流失的现象。流失客户的挽回策略有以下两点。

第一，了解客户流失的原因。客户流失的背后潜存着大量信息，不仅仅是客户流失的信息，同时还可以发现企业经营管理过程中的问题。及时采取措施来进行调整和改进，可以避免客户的进一步流失。但是，如果不寻找客户流失的原因，漏洞将会越来越大，造成无法挽回的损失。

第二，根据原因制订对策。寻找出客户流失的原因，对症下药，采取措施，能够起到事半功倍的效果。例如，针对产品产生问题而造成的客户流失，应充分了解目标客户的需求，根据需求对产品进行调整和改进，以符合客户的需求。

三、服务满意

1. 服务满意的概念

服务满意是指在产品交易前、交易中、交易后，以及产品生命周期的不同阶段，采取相应的服务措施来使客户满意的过程。强调在服务过程中的每个环节能够以客户的需求为中心，时时刻刻为客户着想，做到增加客户价值，为客户提供便利。因此服务水平的提升至关重要，提升服务水平贯穿在产品开发和实施服务的整个过程中，主要有三个重要步骤。

（1）服务意识训练。服务意识不是天生就有的，而是通过不断训练形成的，它是一种意识，没有规范的程序和规则。通过意识的训练，将服务的意识内化在员工的意识中，使其能够自主形成思维意识。

（2）建立完整的服务指标。服务指标是指企业内部所要求的为客户提供服务的行为标准，单单靠服务意识是无法形成客户满意的，必须要有一套完整的指标来指导服务行为，才能全面满足客户，形成客户满意。

（3）服务满意度考察。员工的服务是否能够获得客户的满意，必须进行考察。

2.提升服务满意度的策略

满意度作为一种客户心理感知过程，能够衡量出客户期望与客户感知到的价值之间的差距，提升客户满意度可以采取以下措施。

（1）改进客户满意度指标。从不同角度看，客户满意度具有两个不同层次的意义，分别为行为上的满意度和经济上的满意度。行为上的满意度是指客户通过购买行为，在购买的过程中积累的状态，是一个长期情感诉求的沉淀过程。除此之外，人们的感知不仅仅只有满意和不满意两种状态，还有其他的状态形式。而经济上的满意度是指服务能够产生的经济效益，客户能够感知到的服务越强烈，则代表服务的质量越高，能够产生的经济效益就越高。

（2）提升服务质量。服务是无形的，看不到摸不着，同时随着消费的产生而产生，随着消费的消亡而消亡。但是服务质量不仅仅是由业务人员来决定的，因此服务质量的高低不仅仅与服务人员有关，同时还与客户的偏好、心情等有关，相同的人在不同的情绪下对相同的服务会产生不同的反应。因此，服务质量具有以下几点要求。

第一，制订相应的科学标准。对客户的服务应该做到什么样的程度，企业应该对服务人员提出一定的要求，同时还需要符合科学的标准。

第二，服务有形化。服务的无形性使客户的感知不明显，因此可以通过改善服务设施、增加人员培训等来促使服务容易让消费者感知到，使服务有形化。

第三，使服务自助化、自动化。客户的需求个性化使客户能够感知到的服务也呈现多样化，通过将服务自助化、自动化能够将客户的个性化凸显出来，使客户的满意度进一步提升。

第四，对服务过程透明。在服务提供的过程中，信息的公开、透明，能够使客户在消费的过程中放心，增加消费的信心。

第五，补救服务缺陷。没有十全十美的服务，在服务的过程中总会存在一定的缺陷，企业需要找出服务过程的缺陷来进行弥补和改善，制订相应的补救措施，树立良好的企业形象。

客户服务管理专栏1

沃尔沃：数字时代下，构建有情感的客户关系

1.公司简介

沃尔沃集团是一家成立于瑞典哥德堡，于2010年被中国吉利汽车收购的汽车公司。其主要业务不仅仅只有汽车生产，同时还涉及卡车制造以及其他工业用品的制造。

2.从客户需求出发

互联网的迅速发展，使企业数字化不再是之前纸面上的东西，而是需要真正进行实践的。同时企业的数字化转型不仅仅是指企业内部结构的数字化转型，同时还扩展到企业外部，涉及企业的中心环节。目前，企业数

字化转型的一个主流趋势是由内而外地进行数字化转型，而客户需求是产生这种趋势的重要原因。在汽车行业，客户需求是推动行业转型的重要因素之一。所以说，无论你处在什么样的环境和行业，无论是因为个人还是因为企业竞争，以客户的需求为中心的主题是不会轻易改变的。但是在当下的环境中，客户对于服务的要求越来越需要个性化、多元化的因素，企业想要充分地满足客户的需求对于企业来说是一个挑战，因此，在当下的时代背景中，构建新型的客户关系尤其重要。

3.构建新型客户关系

沃尔沃虽然是一家传统的制造业企业，但是一直走在时代的前端，积极进行数字化转型，通过数字化赋能、简化销售等过程，借助微信的生态平台来加强与客户的联系。在疫情期间，由于人们的出行受到了限制，线下活动不能正常进行，沃尔沃借助线上平台，通过数字化技术开展线上活动，帮助顾客通过视频、直播、VR等形式进行消费选择，了解产品性能及型号，为消费者提供更多形式的服务。所以，企业运用数字化技术可以完善服务形式和服务流程，与客户建立新形式的联系，建立新的服务窗口。沃尔沃借助微信平台，与客户保持紧密的联系，与客户进行感情上的交流，让客户感受到沃尔沃是一个有温度的品牌，从浅层次的利益关系变为深层次的利益合作关系。新型客户关系的一个重要因素就是企业与客户之间进行有感情的联结，这种因素不仅有利于企业，而且有利于客户，企业可以通过客户黏性来提升业绩，客户可以享受更加优质服务。

4.基于微信的企业数字化转型

疫情是一个偶然事件，但是新型客户关系的建立却是一个趋势。数字化转型并不是偶然出现的，而是在这几年中潜移默化地影响着各行各业，逐渐推动数字化转型浪潮的兴起，沃尔沃在数字化转型方面已经是行业内的先行者。沃尔沃作为一家全球化的公司，已经建立了完备的IT系统，与微信共建平台能够使企业与客户的距离更进一步，微信生态的打造，能够为企业带来一站式的服务，同时还潜藏着发展机会，打造更多有利于企业发展的功能或产品。

（资料来源：作者根据多方资料整理而成）

四、服务价值

1.服务价值的内涵

服务价值是客户总价值的重要组成部分，主要是指伴随着产品交易过程，企业向客户提供的各种服务所创造的价值。在现代市场营销实践中，经济水平和生产力水平不断提高，人们的生活经济条件越来越好，消费观也随之改变，人们在购买商品的时候不仅会考虑产品的功能和质量，还会对企业能够提供的服务价值进行衡量。特别是在当下同质化的市场中，产品的功能与质量并没有较大的差别，在这种情况下，企业向客户所能够提供的服务越多，产品的额外价值就越高，客户所能够获得的利益就越大，从而就会引起客户的购买行为。因此，企业应该在提供优质服务的同时，向客户提供更加完备的服务，能够有效提高企业的竞争力。

2.服务价值的价值共创

在服务经济时代，客户具有更多的主导权，同时还拥有多种心理上的需求，如客户自身的地位、能力及社会认可等。因此，客户对产品的需求不再是简单的功能和质量上的需求，同时还需要心理上的满足，以及能够获得舒适的消费体验。客户应该主动参与企业的服务价值创造环节，服务价值的创造能够使客户在这个过程中获得利益之外的情感，以满足心理需求。企业在创造价值的过程中，对价值共创模式需要考虑诸多的因素，如产品、服务特征、行业环境及价值创造流程的架构。因此，价值共创模式分为三种类型：终端合作模式、生产合作模式、研发合作模式，如图5-4所示。

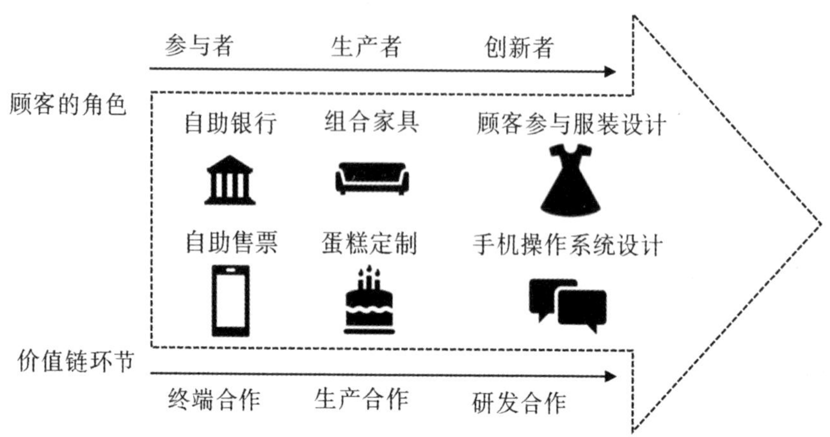

图5-4　价值链各环节的价值共创

（1）终端合作模式。终端合作模式是指客户参与价值创造终端环节的模式。客户参与价值创造的终端环节，需要更加标准化的产品和服务，以及更少的个性化因素。移动互联网的发展为客户提供便捷的服务，在提升服务质量及消费体验的同时，能够降低运营成本和人力成本。

（2）生产合作模式。客户参与服务生产过程，承担部分的服务生产职能，能够有效帮助企业协调标准化的产品、服务与客户差异化需求之间的矛盾。该模式适用于产品和服务标准化，但是客户需求具有一定差异性的行业的企业。在生产合作模式下，客户参与服务价值创造的过程，与企业共同创造价值，同时客户的参与程度越高，其心理价值的需求就越能够得到满足。

（3）研发合作模式。研发合作模式是指客户参与产品设计环节，直接参与服务价值创造的前端。客户参与研发合作模式，就意味着客户不仅仅是传统意义上的客户，而是成为企业的合作伙伴，共同创造价值，这种模式一般应用在个性化程度较高的行业。随着互联网技术的发展，客户参与到价值链前端的壁垒越来越小，客户较容易参与到产品和服务的设计中。在研发合作模式中，客户处于定义和创造价值的中心，企业的主要任务是为客户提供充分发挥自我的平台，帮助客户将自己的创造性和自主性发挥到极致。追求服务的经济效益主导着终端合作模式与生产合作模式的构建，而客户心理需求主导着研发合作模式的构建。

客户服务管理专栏2

中国建设银行：人工智能赋能客户服务

1.公司简介

中国建设银行建设于1954年，在国家执行第一个五年计划时，为管理好数字庞大的建设资金孕育而生的，其主要的经营领域包括个人银行业务、公司银行业务及资金业务，目前拥有多个行业的子公司，业务覆盖全国。

2.人工智能赋能客户服务

（1）无人银行。

2018年，中国建设银行在上海上线了首家无人银行，这也是国内第一家无人银行。“无人银行”是一个不需要银行柜员进行人工操作办理业务的高度智能化网点，占地165平方米，通过全面覆盖生物识别、语音识别及数据挖掘等智能科技技术，整个操作流程都能够智能化及自动化。同时，还融合了当下科技潮流产品，机器人、人脸识别、语音导航、全息投影，以及VR、AR等科技元素，使服务质量及服务体验进一步提升。在无人银行中，机器人担任大堂经理，通过语音识别系统与客户进行互动，帮助客户到达相应的区域，办理不同的业务。

（2）5G+智能银行。

2019年，建行推出的三家“5G+智能银行”在北京落地生根，通过搭建“金融太空舱”，为客户提供沉浸式的体验。这种融合了计算机视觉技术、智能语音及机器学习等多种人工智能技术的交互式空间设备能够使客户快速享受到高质量的服务，使金融服务触手可及。

中国建设银行打算在将来大力推动“5G+智能银行”的发展，客户可以体验到龙财富、信用卡及投资理财等业务，同时这种“快闪”5G+智能设备能够根据需求确定设备的搭建位置，哪里有需要就开在哪里。

（3）智能营销。

通过多方位数字化平台完善服务体系，快速研发的同时敏捷投产。网上银行、微信银行及手机银行的全面待工能够满足客户多方位多元化的金融需求。2020年，中国建设银行与百度建立战略合作伙伴关系，在智能营销、智能运营等方面进行全方位的智能升级。具体来看，中国建设银行将通过百度AI技术赋能，使其更准确地触达客户、理解客户，提高用户留存率和活跃度。

（4）智能投顾。

“龙智投”是建行为个人客户提供的智能化投顾产品。中国建设银行行根据客户的风险承受水平、投资期限偏好、收益目标及风格偏好等，运用智能算法及投资组合优化等理论模型，为客户提供智能化和自动化的产品组合投资策略。

3.发展总结

中国建设银行通过金融科技赋能，能够有效提升金融业务和综合解决方案的能力，帮助处理在服务中的各种问题，为客户提供批量化、精准化的顾客服务，实现了相关收入的增长。同时，人工智能的赋能也能够为行业带来新机遇和新挑战。

（资料来源：作者根据多方资料整理而成）

第二节　服务创新

一、体验营销

1.体验营销的产生

在经历了产品经济时代、服务经济时代之后，由于体验营销方式和体验经济的产生，我们进入了体验经济时代，这种经济形态的产生是时代发展和进步的产物。体验经济学家派恩认为，体验经济是指企业通过产品和服务为客户创造出值得回忆的经历和体验，通过生活中的情境打造，注重客户的感官体验的塑造及认同思维，吸引客户的注意力，并促进客户的消费行为，增大产品和服务的升值空间。传统经济注重产品的功能、价格和质量，而体验经济有着本质的区别。体验经济可以把产品作为依托，也可以不依靠产品，通过打造能够值得回忆的体验来显示其独特价值，并且能够让客户心甘情愿地为其付费，体验经济也就产生了。

体验营销作为营销的一种方式，是为了满足客户更高层次的需要而存在的，它不仅仅满足客户的物质需求，还强调满足客户的精神需求，它为客户提供的不仅是单一的产品或者单一的服务，而是将两者相结合，达到“鱼和熊掌”兼得的境界。

2.体验营销的步骤

体验营销的步骤如图5–5所示。

（1）细分目标市场。通过市场细分，可以清晰地抉择出企业“为谁的需要服务”，在体验经济时代，体验营销作为一种新的营销模式还是需要遵循传统营销方式的流程，但是又有所区别。体验营销须遵循市场细分理论，按照地理位置、人口变量、客户心理、客户购买行为等来细分市场。

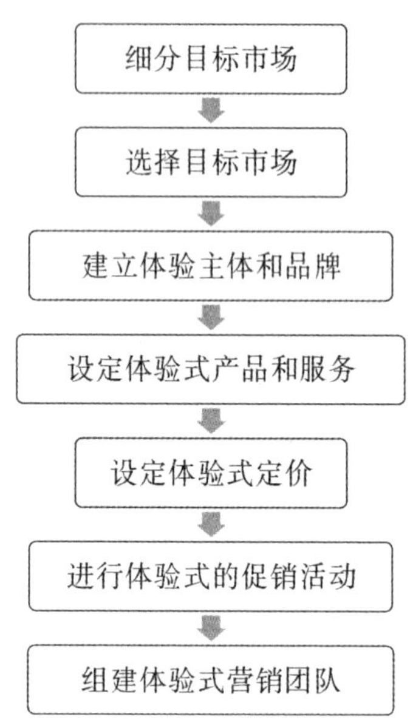

图5-5 体验营销的步骤

（2）选择目标市场。目标市场的选择有两种方式，一是在市场细分的基础上选择符合企业发展方向的一个或几个目标市场，根据企业的资源、能力及外部行业环境，合理地进行营销规划；二是不明确某一个或几个目标市场，而是将整个产品市场作为目标市场，但是存在很大的风险。无论如何，企业的市场细分对于企业的营销工作是十分重要的，需要充分考虑企业的资源、能力、竞争者的状态和策略，以及产品类型和性质等来满足消费者的差异化需求。

（3）建立体验主体和品牌。将品牌和产品感知化是体验营销的一个重要关注点。英特尔公司的总裁提出英特尔的业务并不是简单地生产和销售电脑，而是进行信息传递的交互式体验。通过不同的营销策略，可以为客户提供感知品牌和产品的信号，打造体验的主体，同时也为品牌树立了形象。

（4）设定体验式产品和服务。在体验经济时代，并不是所有的行业或者企业都能够使用体验营销，体验营销策略在第三产业有较好的效果，如金融服务、新闻娱乐、零售业等，这些产业都具有的特点就是需要相关的服务人员与客户接触，在服务过程中激发客户的感受和体验，使客户产生兴奋、紧张、刺激、有快感等多种情感体验，使客户能够产生深刻的印象。因此，体验营销的一个重要环节就是设定体验式的产品或服务。

（5）设定体验式定价。由于每个人的体验感受是不同的，因此我们需要根据客观的事物进行定价。首先，需要对产品和服务进行筛选，需要选择出适合人们进行体验的产品和服务，同时还需要能够提升客户的消费质量和品位，将产品作为消费的物质载体，服务作为精神载体。其次，需要营造氛围，根据产品和服务及企业的目标，营造出适当的氛围，有温馨、浪漫、优雅、简约等氛围，使客户能够产生深刻的印象。最后，还需要考虑成本及其他影响价格的因素，如产品生产成本、行业发展状况、政府相关政策、市场需求状况、竞争对手产品的成本和定价等要素。

（6）进行体验式的促销活动。体验营销的营销重点不在于广告，而是通过产品、服务、氛围等直接让客户进行体验判断，通过客户的体验来进行价值的衡量，这样就能够在很大程度上节约宣传成本，同时还能够通过体验营销活动增加客户的参与度，体现了体验营销的技巧性和艺术性，摆脱了依靠广告进行营销的经济弊端。

（7）组建体验式营销团队。体验营销作为一种新的营销模式，要进行有效的营销活动，就必须拥有会开拓创新、思想意识超前、素质高、能力强的营销人员。在知识经济时代，只有拥有了人才，才能使企业获得竞争力。

客户服务管理专栏3

苏宁“8·18”：开启电商体验营销新玩法

1.公司简介

苏宁作为我国较大的商业企业，初创于1990年，一直以来，苏宁的业务不断发展壮大和向外延伸，成为我国民营企业的前三强。

2.10000平方米的燃客城，空降12城的Demo店

苏宁易购在“8·18”期间，同时在12个城市建立了未来购物的Demo店。通过在12个城市的核心商圈建立超燃星城，增加品牌创意感。同时联合众多大牌来增大超燃星城的实力，增加活动的创意。其中，在南京建立的10000平方米的燃客城是一座拥有多种元素的科技城，包括美食、科技、运动、电竞及艺术等元素，每个元素都有独立的单元，不仅体现了苏宁的全品类营销，同时还展现了苏宁的多业态的零售模式。在其他城市，苏宁在核心商业圈打造了大约300平方米的超燃星城。通过科幻的建筑风格更能够突显不同于燃客城的营销目标，超燃星城更想表示的是场景互联感及未来智慧零售的概念。目前，超燃星城已经遍布在全国的12个城市，能够为消费者提供多场景的购物体验，体现出未来的苏宁生活。

3.头号买家发烧夜，明星云集抢流量

通过“头号买家发烧夜”晚会在各大视频网站同步直播，不仅出现了各种明星的登场，同时还推出了苏宁的短视频平台，这是苏宁抢占线上流量的好时机。头号买家主要是苏宁自己打造的平台，实现“明星+带货+短视频”的功能。

4.“燃客夜” 打造电商精神IP

在“8·18”购物节上，苏宁在宁夏腾格里沙漠举办“燃客夜”活动。以致敬燃精神为主题，打造新电商IP。同时，在活动现场通过打铁花、民舞及摇滚乐等多种形式的表演结合，使这个夜晚充满了激情与浪漫。通过各大品牌的助阵，苏宁的燃文化也变得更加丰富。通过种植品牌树组建品牌之林，使这个荒漠更加显眼，每一棵树都是一个品牌，一个

燃精神的代表。苏宁超市代表“燃，为你挑好的”；佳能是“燃，为感动常在”；海鸥手表是“燃，为中国心”；北汽新能源是“燃，行有道达天下”；华为是“燃，为智能互联”。

5.发展总结

随着消费观念的升级，传统的价格战已经落伍，如何能给消费者提供多元化的消费体验，以及如何运用场景、娱乐和新科技，成为几大电商品牌的关注点。

（资料来源：作者根据多方资料整理而成）

二、内部营销

1.内部营销的内涵

内部营销就是将企业的品牌定位、品牌价值、经营理念传达给企业内部的每一位成员，使他们能够对品牌产生共鸣，真正理解品牌使命，了解品牌的信息，同时使每个岗位在客户价值创造的过程中发挥作用。不能为客户创造价值的职能岗位是没有意义的。营销不仅仅与市场销售部门相关，同时还牵涉企业内的多个部门，如生产部门、财务部门等。生产部门能够生产出高质量、满足客户需求的产品，财务部门能够有效地处理账款，确保每一张发票都准确无误，这些都能提升客户的体验，为客户创造更多的价值。内部营销能够有效地使企业形成相互合作、拥有共同使命的组织，帮助企业完成共同目标。但是内部营销经常被企业所忽视，有时企业会为了获取更多的市场份额而投入过多的资源，忽视对企业内部优秀人才的培养。良好的内部营销能够帮助企业取得卓越的绩效，因为会处理两个重要方面的问题：一是培养优秀的人才、留住优秀的人才；二是将营销的理念在企业内部达成共识。

2.内部营销的原则

（1）明确企业的愿景及品牌核心精神：使企业内部员工对企业的愿景和品牌的核心精神形成清晰的认知和认同，同时清楚地了解到企业将会为客户创造出何种价值，能够在之后的执行过程中明确方向。

（2）树立“每个人的工作对品牌都有贡献”的观念：许多人认为品牌只需要市场部门为其负责，其实不然，企业应该让企业中的每位员工都能够将自己的工作与客户价值创造联系起来，了解到自己的工作会影响客户对品牌的印象，以此来规范员工的行为。

（3）活化内部沟通机制：企业应该将员工作为内部客户，通过各种媒介和渠道促进与员工的沟通，使组织的目标不断地聚焦在核心愿景上。通过真诚的沟通，增加组织内部的公开性和透明度，使员工既能够产生对组织的理性的契约感和责任感，还能够促使员工产生感性的归属感和认同感，从而为组织目标的实现而努力。

（4）将内部营销工作融入人才选训的过程中：内部营销的关键因素就是要培养优秀的人才，因此需要雇用一批志同道合的人才来为企业的发展贡献自己的力量。在招募的过程中，明确地将企业愿景、价值观传递出来，帮助求职者了解什么才是符合企业精神的特质，并将自己的能力和特质进行匹配，决定是否加入企业。同时还可以通过培训等方式将企业的价值观、愿景传递给企业员工，获得更强的认同。

内部营销重视内部员工的认同和员工价值，因此在进行内部营销的过程中要传递出企业正确的愿景和价值观，有效赋予员工权力，充分发挥员工潜能。员工授权有利于帮助员工解决问题，特别是一线员工，能够及时解决客户的问题，迅速、弹性地回应各种服务状况和客户需求。

客户服务管理专栏4

海底捞：内部营销，苦练内功

1.公司简介

海底捞是一家成立于1994年的川味火锅店，通过多年的发展，融合了各地火锅的特色，以服务闻名全中国。

2.核心服务理念

海底捞的服务能够闻名全中国，为企业带来巨大的利润，有其独特的核心服务理念。将客户当作是自己的家人——由于这个理念的指导，海底捞提供各种各样的服务来丰富客户的体验，通过在等候时间提供零食、水果，以及各种游戏工具来打发无聊的等候时间，还可以美甲、修脚等。在服务的过程中，还会提供各种小工具防止用餐时沾到油渍等。海底捞面面俱到的服务使每个人都能够感受到其真诚的服务，从而形成良好的口碑。

3.独特的“内部营销”

“把客户当作是自己的家人”是许多企业的口号，但是很多企业都难以做到这一点，员工心底的不认同，使这一理念没有任何效用。而海底捞能够真正地在实施的同时取得良好的效果，得益于其独特的内部营销。其具体做法有：将员工看作是家人，将员工的利益与企业的利益进行捆绑，服务好自己的员工，才能够让员工真正地对企业产生认同感和归属感，才能够使员工真正理解企业的理念，从而用心做事、快乐工作。海底捞服务员工的措施有以下两点。

（1）在住宿方面，海底捞为员工提供了舒适的居住条件，房间空间大且设施全面，为了员工有充足的休息时间，不会选择距离远的房子；员工不需要自己打扫卫生，有专门的人进行打扫，同时还有可以上网的电脑等；考虑到特殊情况，还提供夫妻单独居住的房间等。

（2）在激励方面，海底捞会给管理人员及优秀员工的家人发送福利，这种把家人放在心里的企业，员工会对其产生极大的认同感。在企业内，营造公平的工作环境，在这里每个人都是平等的，拥有相同的机会。

海底捞的许多管理人员都是从基层做起的，通过员工培训和岗位轮换，工作的场所变成了学习的场所。这种晋升机制使员工能够感受到公平，从而激发员工的潜力以及积极性。

4.发展总结

内部营销是良好的外部营销的基础。海底捞通过各种措施，为员工提供很好的福利，培养员工的服务意识。通过从基层晋升的制度，员工清楚地了解企业的愿景及品牌目标，通过内心真正的认同企业，能为客户提供更好的服务，实现内部营销的目的。

（资料来源：作者根据多方资料整理而成）

三、关系营销

1.关系营销的概念

人在社会生产、生活的过程中，必不可少地会与各种各样的人形成各种各样的关系，这就形成了人际关系网络。而关系主要是指事物与事物之间，以及事物内部之间的客观联系。在社会学中，关系主要是在人与人之间体现，并随着事物的发展而发展。有人存在的地方就会产生关系，同时不因外物的影响而转移，而人的关系交往会随着时间的变化而产生变化，主要有产生、发展、终止三个阶段，是人进行活动而产生的客观存在。

关系营销不同于以往的只关注一次性营销的交易营销，而是关注与客户保持更加长远的合作关系，重视客户的重复购买行为及对客户的高度承诺，重视信息的双向交流。

2. 关系营销策略

（1）竞争者市场关系营销策略。

①博弈战略。博弈论的观点能够将独立的竞争与合作进行结合，超越了简单的竞争与合作的概念，提出协同竞争的理论。人与人之间在产生利

益冲突时，一方的获利就会造成另一方的损失，而博弈的观点能够在别人做出行动时做出相应的战略决策，从而减少自己的损失，特别是当许多相互依赖的因素共存的时候，博弈论的效果更好。

②合纵战略。在春秋战国时期，人们运用合纵战略来处理小国之间的关系，而商场如战场，尽管在形式和结果上有很大的区别，但是却可以运用共同的指导原则和发展规律。因此，可以运用合纵的思想来指导企业之间的关系的处理。

（2）客户市场关系营销策略。

①频繁市场营销。给客户足够的理由选择企业的产品，能够增加客户的重复购买频率，增加企业的竞争优势。企业培养忠诚的老客户能够有效降低成本、增加营业利润。而在现代同质化的市场中，必须培养一批忠诚的客户，才能够使企业立足于市场。

②客户忠诚计划。获取更大的市场份额能够帮助企业培养出更多的忠诚客户，能够通过创造相互沟通、交易的环境来发展关系。

③接触计划。企业中的相关人员与客户的接触能够帮助企业发展客户的潜在需求，发现潜在的发展机会。因此企业应该重视每次与客户的交流沟通及接触的机会，通过在这个过程中满足客户的需求，提高客户满意度，与客户建立和维持良好的关系。

④关系管理。在维持老客户的关系的同时也要注重开发新客户的关系，培养出更多的忠诚客户。

（3）流通市场关系营销策略。

①供应商关系管理。维持与上游供应商企业之间的关系，充分发挥供应商的作用，保证日常的生产活动正常进行。

②分销商关系管理。企业的销售渠道也是获得竞争力的来源，因此应该维持好与分销商之间的关系。

（4）影响者市场关系营销。

①企业形象塑造。通过各种外显标志、行为表现等，帮助企业形成一个良好的形象，并将这个整体形象展现给市场，使更多的公众能够对企业有一个良好的认知。

②了解沟通。与政府之间的关系的维护需要企业主动进行了解和沟通。通过了解政府的各种政策，以及与政府进行双向沟通，与政府建立并维持良好的公共关系，扩大企业影响。

③社会公民。公民对企业的接受程度取决于企业能够给社会公民带来什么，能否带来利益，能否促进发展等。

客户服务管理专栏5

微博：关系营销打造信息流广告

1.公司简介

微博是一个能够及时互动、传播分享的社交媒体平台，通过PC端和移动设备，能够及时展现即时的信息及海量信息，是人们交流互动，了解时事的平台。

2.从流量变现到关系变现，开辟信息流广告新赛道

与用户形成长期紧密联系的关系能够帮助企业提高产品、品牌销量。微博的信息流广告对企业有很大的吸引力，由于在社交的过程中，用户会因兴趣及关注点不同，形成一个一个的社交群体，按照不同的社交群体进行广告投放能够实现精准营销。微博打造的品牌速递能够强化社交群体的分类，通过关注用户的浏览、点赞、评论等，投放广告给目标群体。

3.紧握“关系+内容”两大抓手，助力广告主构建长期价值

微博根据信息流的不同特征，分为关注、分组、热门、热搜四大信息流，根据不同信息流的特征发送不同的广告。对于关注信息流，主要是根据用户之前关注的博主类型进行相关推送，根据关系使用户能够获得相关兴趣点的相关内容。除此之外，优势的内容也是吸引用户流量的点。关系

和内容是微博广告的亮点，通过将关系和内容相结合，能够帮助企业及时与用户进行沟通，完善社交生态。

4.三大因子衡量关系价值，不断实现深度“种草”

关系是需要进行维护的，关系会随着时间的流逝而削弱甚至消失。用户和企业之间的关系维护需要以微博算法为依托，根据不同的状态采取不同的措施，有针对性地进行广告投放，如用户对企业或者品牌还未形成良好的印象，品牌可以通过投放更多的广告增加曝光度，同时推送有关于企业的事迹的消息，加强用户对品牌的认知。同时，微博还可以根据不同企业与不同用户之间的关系状况，根据企业的需求进行优化推送。这种广告投放方式能够使企业及时维护用户关系，实时监控用户关系状态。

5.打通AIPL全链路数据，为广告主开启上帝视角

用户的行为具有AIPL即认知、兴趣、购买、忠诚四个过程，用户对品牌、企业都有一个从未知到熟知的过程。微博通过构建开放、内容丰富的社交平台，能够及时帮助企业解决痛点问题，为企业制订有针对性的方案来帮助品牌实现精准营销。作为社交平台，微博能够广泛引起用户的讨论，这种讨论能够与电商相结合，实现口碑营销的目的，从而促进企业产品销售量的增长。同时还能够为其提供全面的数据，为企业提供“上帝视角”，全方位地维护与用户之间的关系。

6.发展总结

随着数据收集越来越全面和迅速，微博在用户关系营销方面能够为企业带来足够的流量。在之后的时间里，关系营销的深入程度越来越强，有了关系赋能的营销也会越来越精准，营销的本质就是关系。在未来，微博运用AI技术来助力企业的全面关系模式是其发展的重点方向。

（资料来源：作者根据多方资料整理而成）

四、口碑营销

1.口碑营销的内涵

消费者在购买企业的产品后，会与身边的人分享他的使用体验与感受，通过各种各样的途径进行传播和扩散，形成口口相传的口碑，这种口碑能够影响其他消费者的购买决策，这是产生口碑营销的过程。口碑营销与传统的广告宣传不同，广告宣传是企业单方面向消费者传递产品或服务的信息，口碑营销则是通过消费者之间的沟通和交流传递产品信息并带有一定的情感倾向。口碑营销需要企业与消费者都处于同一水平位置上，不存在有不公平的状态，尽管营销人员能够在一定程度上对消费者的意见产生影响，但是不能控制总体的传播趋势。

2.口碑营销的五大要素

美国口碑营销学者安迪·塞诺维兹提出口碑迅速传播的五个“T”要素，如图5-6所示。

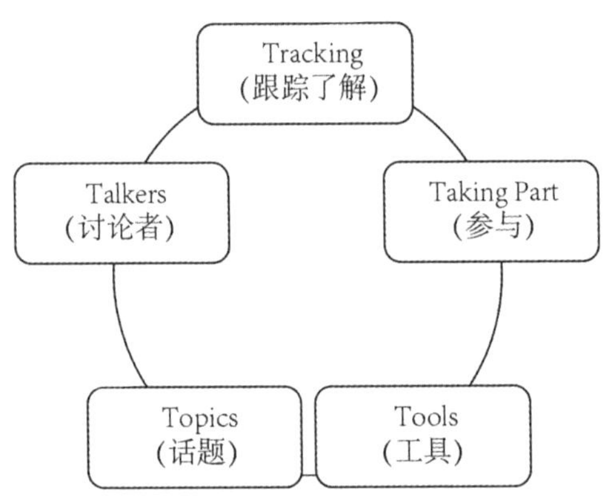

图5-6　口碑营销五要素

（1）Talkers（讨论者）。讨论者是指那些与其他人就企业的产品或服务进行讨论的人。他们可能是企业的忠诚客户也有可能是初次购买的新客户，老客户可能支持企业的产品或服务，会与他人进行讨论，而对于新客户则需要提供优质的产品或服务才能引起他们的讨论。口碑营销就是要通过各种各样的人进行讨论才具有意义，没有讨论者就没有口碑营销。

（2）Topics（话题）。讨论需要具体的话题才能引起人们讨论的兴趣。有讨论价值的信息是口碑的来源，企业的优质的产品或服务、产品创意，或者是产品或服务的不足都会引起消费者的讨论兴趣，从而经过讨论之后会给消费者留下积极或者消极的印象。

（3）Tools（工具）。

口碑的快速扩散需要营销人员运用各种媒介、社交平台和技术手段等推动工具来实现。互联网的发展使口碑呈现出爆炸式的传播，时间短、速度快、范围广、影响力大。营销人员需要考虑传统口碑推动工具及互联网时代的新媒体推动工具的协调运用。

（4）Taking Part（参与）。口碑需要消费者积极参与讨论，并且进行互动，同时营销人员也需要参与到消费者的讨论中去，这样才能获知消费者对于产品或服务的态度，在拉近与消费者的距离的同时还能够促进话题的持续讨论。

（5）Tracking（跟踪了解）。对于消费者之间的讨论，企业应该尽力去了解消费者讨论的内容，对于企业的态度和看法，收集信息并进行及时的反馈，评估口碑传播的效果。

好的口碑可能是经过精心策划才能出现的，有的却是无意间的结果。但是无论如何，在制订口碑营销计划的过程中需要充分考虑五个“T”要素，使口碑营销能够有序进行。

3.口碑营销的传播

美国口碑营销学家乔纳·伯杰提出了传播六要素，对信息的传播具有很大的影响。

（1）社交货币。讨论的内容会影响其他人对讨论者的看法，并重新衡量讨论者的价值。社交货币越多，就会突显出讨论者对讨论内容的了解越多，对专业知识的掌握越强，显得其是某方面的专业人士。在讨论的过程中充分利用一些技巧能够体现自己的水平，能够增加社交货币来促进传播。

（2）诱因。诱因是能够引发人们产生联想的信息。如我们提到碳酸饮料就能够想到可口可乐，提到智能手机就能够联想到华为。如果将日常生活中的常见事物与产品或者创意联系在一起，就能够使人们在接触常见事物的过程中联想到相关的产品，使产品的传播更加迅速，也更加容易传播。

（3）情绪。能够激发人们情绪的产生就能促进人们进行讨论，这是口碑传播的重要技巧。当人们的情绪被激发起来的时候，就能够引起消费者进行讨论的兴趣和分享的欲望。情绪所能够引起的共鸣越大，传播的影响力也就越大。

（4）公开性。信息的公开性越大，传播就能越广、越快。增加广告的创意性和醒目性能够增加产品的曝光度，才能够让更多人了解到产品并进行讨论，从而使人们更加广泛地自觉传播。

（5）实用价值。产品要具有实用价值才能引起人们的注意和讨论，才能使企业的信息在众多的信息中脱颖而出。

（6）故事。例如，某品牌励志的创业故事。好的故事具有吸引人关注该品牌的力量。

口碑营销的成功并不是逼迫人们去说产品的好话，也不是让人们故意在谈话的过程中推荐产品，而是通过产品引起消费者的注意，使讨论产品成为一个自然的过程。因此，提供消费者欢迎的产品，能够促进口碑的传播。

第三节　信用管理

信用有三种不同的含义：其一，信用就是信任的使用；其二，信用就是在做好他人承诺的事项的同时，能够获得他人的信任；其三，信用是在商品交易的过程中及交易过后，企业能够为购买方提供赊账延缓付款的权力。在英语词典中对“信用”的释义为：合格的产品或服务在市场中呈现之后，购买方基于对产品、服务质量、提供方的信任产生购买行为后，提供方能够给予购买方一定的权限，滞后对产品或服务的支付行为的制度。

一、信用管理体系设计

1.确定客户信用管理目标

客户信用管理的首要任务就是确定企业客户信用管理的目标，这是进行客户信用管理的前提，为企业的客户信用管理提供了方向。企业客户信用管理的目标应该与企业的发展目标保持一致，即保证客户满意度、员工满意度，实现营业收入、获得利润，将企业的潜在风险降至最低，保证企业的长远发展。在此基础上，企业的客户信用管理的主要目标还包括防止资金的损失及保证资金的安全，为此要建立完备的、科学的、具有可操作性的客户信用管理流程。在收集客户信息的过程中，所涉及的信息需客观、全面，客户评定方法准确，客户授信结果合理。同时还要保证制定合理的相关制度，可行性强、指导性强，信用管理部门能够清楚地了解到自己的职权和责任，定期针对信用信息进行输出，及时采取措施预防资金安全。

2.设置客户信用管理部门及岗位

客户信用管理部门的组织机构设置首先要考虑的就是分工合作的问题，部门之间的交流、沟通、协作，考虑组织的整体绩效能否有效提升，新设立部门之间的业务与整个组织结构是否存在冲突等。信用管理部门设计如图5-7所示。

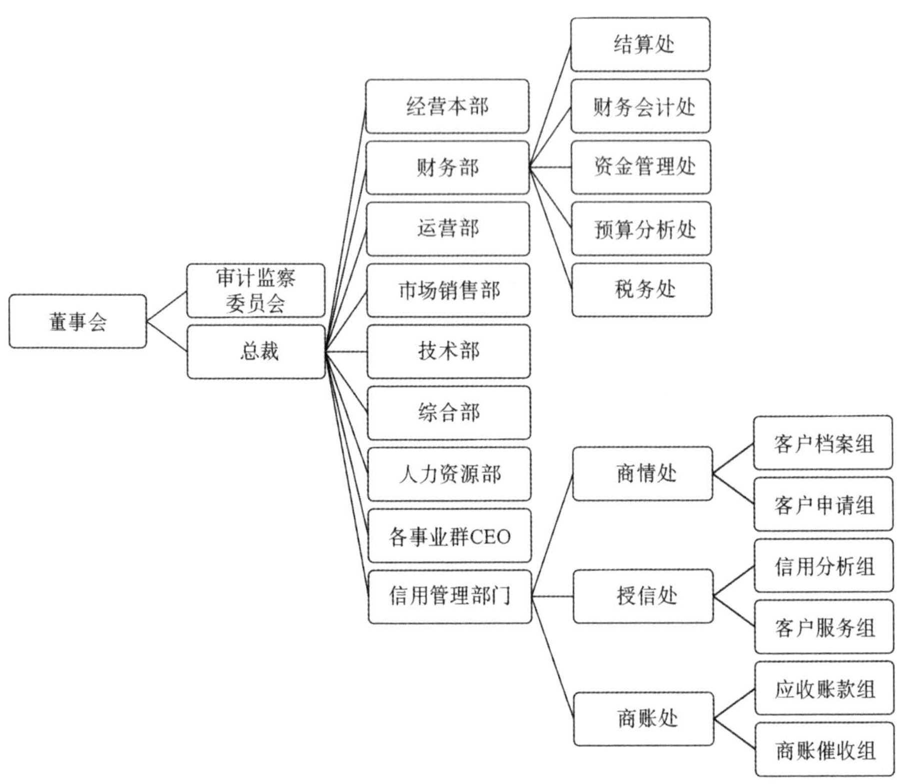

图5-7　信用管理部门设计

（1）客户信用信息管理团队——商情处。商情处的主要工作任务就是根据相关的规定及制度审核与客户相关的信息、资料，同时建立相应的数据系统来对其进行管理，同时还可以借助外部信息服务机构的系统来进行客户信息的完善，与第三方征信机构进行合作与沟通。

（2）客户信用申请管控团队——授信处。授信处主要是处理有关于客户信用申请的相关事物，借助企业之前业务系统中有关于申请人的信用评分信息，通过信用管理系统模型、授信人员的专业素养及自己的经验判断，对客户信用申请进行评判。同时需要处理有关授信过程中的疑难问题。同时还要对客户的信用额度、账期等问题进行解释，告知客户的信用申请结果，提供书面通知。授信处应该根据客户相关的信用评级以及信用状况进行判断，对不同的信用级别的客户采取不同信用政策及降低风险的方法。

（3）客户应收账款管理团队——商账处。商账处主要是处理信用系统中的逾期账款及坏账。通过客户信息管理系统，对已到期应还的账款进行跟踪，制订相应的收款计划及催收措施，及时收回账款。

3.客户信用管理流程设计

（1）信用管理模式。

①“3+1”科学信用管理模式。“3+1”科学信用管理模式包含三个信用管理机制和一个独立的信用管理部门。其中，三个信用管理机制是环环相扣的，体现在交易的前、中、后期。在交易前通过资信调查，对客户的信用进行评级，从而匹配相应的信用额度和信用期限；在交易的过程中，对客户的信用执行进行跟踪，处理好客户在交易过程中产生的信用问题，保证债券不受影响；在交易后期需要考虑应收账款的管理情况，按照信用额度以及信用账期保证客户能够及时还款，同时处理客户超过信用额度等问题，建立合理的逾期或者超额度的追收机制。“1”是指建立单独的信用管理部门或者是拥有专门的信用管理人员。“3+1”科学信用管理模式的重心就是前期的信用管理，注重前期的信息搜集和客户信用级别的评估。拥有完备的客户信息及清楚明晰的客户级别，能够将企业的资源与之匹配，做出合理的授信决策，能够防患于未然，将风险扼杀在摇篮中。

②全程信用管理模式。全程信用管理模式是将企业的信用管理按照交易的进度分为三个阶段。第一阶段是商谈阶段，需要对客户的信息进行

收集、审核、鉴定和筛选；第二阶段是签约阶段，需要企业根据客户信息授予相对应的信用额度和信用期限；第三阶段是合作后阶段，需要企业了解客户的信用执行情况，进行跟踪管理，同时制订相关的应收账款管理办法，以及客户不遵守信用规定的情况下采用何种方式进行管理等。全程信用管理不仅包括了信用管理的日常工作任务，如根据信用评级授予客户不同的信用额度和信用期限及授信工作和制度建设，还包括了职能的设置和科学管理系统的建设，使信用管理工作更加合理有序，在降低风险的同时提高管理效率。

③双链条全过程控制管理模式。双链条全过程控制管理模式是将销售流程作为主线，从客户开发开始，到商谈、签订合同、提供产品或服务、收账等一系列流程，在这之下将其分为两条链。其中一条链是客户风险控制链，包括客户的选择、客户资信调查、账款跟踪、早期催收账款及处理特殊问题等；另一条链是内部风险控制链，包括信息收集、信息筛选更新、合同的评审、确立指标、工作程序等。双链条全过程控制管理将控制过程分为三个部分：事前、事中、事后，根据不同阶段所面临的不同条件和风险进行控制，同时还主张通过信用管理系统协调控制工作，降低风险。

（2）客户信用管理流程设计。信用管理流程如图5-8所示。

①事前管理。事前管理就是企业和客户还未正式形成合作关系，还未提供产品或服务之前的管理。事前管理的工作内容需要包括全面搜集客户的信息，对客户的信息进行筛选和审核，为之后的授信工作提供信息基础，同时还能够有效地降低信用风险。事前管理主要有五方面内容。

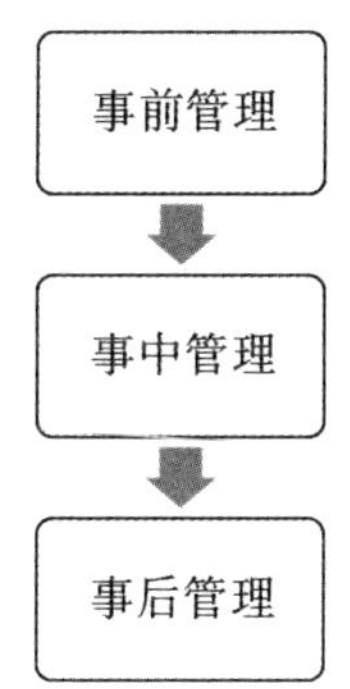

图5-8　信用管理流程

第一，通过内外部渠道收集客户的信息，全面掌握信息之后，对客户的品质、担保能力、资本能力、还款能力及经营环境进行评定，根据企业的信用评级标准进行评定。

第二，维护客户信息档案，做好客户信用评定工作，才能进行下一步的合作。需要注意的是，不能因为未完成的信用评定工作而影响合作的进程。同时，实时跟踪客户信息，在客户信息发生变更时，能够及时更新系统中的信息。

第三，时刻关注客户信用评定的进度，不能影响客户的授信和双方的合作。

第四，客户的状态是在不断变化的，需要进行定期调查，根据客户的变化及时核查客户的信用等级、信用额度、信用账期，验证是否需要进行调整，如果需要调整，需要对客户的信用等级进行重新评定。

第五，在签订合同之前，需要对违约的相关规定进行协商，同时需要规定与客户信用等级相对应的信用额度和信用期限。

②事中管理。事中管理的主要工作任务就是将客户的信用级别与信用额度和信用期限相匹配，同时对客户的信用执行情况进行跟踪和监管。主

要包括两方面内容。

第一，信用管理的相关人员在将客户的信用信息录入客户信用管理系统之后，会根据客户的信息比对参考值，同时根据客户所处的行业环境进行综合分析，将客户的级别与相应的信用额度和信用期限所匹配。同时还要处理在匹配过程中的特殊问题，根据情况适当进行调整，但是不能超过市场部门的固定信用额度，在处理问题的同时也提醒市场销售部门谨慎授信。

第二，额度和账期的定期排查也是事中管理的重要工作。定期的排查能够对客户信用执行情况进行监管的同时还能够判断是否与之前的赊销约定相一致，是否需要进行修改与调整。当客户的信用等级需要进行调整时，要对客户的信用等级进行重新评定，同时客户的信用等级的变化需要符合规定，不能变化过大，否则会造成失信的情况。

③事后管理。事前管理和事中管理的施行，能够对应收账款进行规范的管理和控制，能够在一定程度上减少资金的损失。此时，再进行事后管理，能够进一步减少资金的损失，对逾期客户进行催收和坏账的确认。事后管理表现在以下五方面。

第一，客户信用管理是一个动态的管理过程，需要充分利用工具——信息管理系统来实时掌控客户的信用情况。系统输出的清单报表能够有效反映客户的信用情况，可以提供给市场销售部门作为一手数据实时跟进客户的动态。客户应收账款清单能够清晰地显示客户现有的应收账款和逾期的应收账款，显示客户是否超过了其信用额度；预警期客户名单，能够清楚地显示即将合同到期的客户，同时能够显示客户是否续约和有逾期账款的信息；逾期应收账款清单，可以将所有的逾期账单根据时间或额度的大小进行排列，清楚地显示应该跟进和催收的客户。

第二，管理逾期客户应根据需要对客户进行催收工作，在信息管理部门获知逾期账款客户名单之后，通知市场销售部门确定客户的结算方式以及是否需要再合作。

第三，对无法通过合规手段偿还逾期应收账款的客户，可以通过第三方的力量对客户展开催收工作。

第四，通过各种方式、各种渠道都无法收回账款，客户仍不回款，那么就可以通过法律途径进行解决。在申请诉讼前，需要先考虑逾期应收账款的金额和诉讼的成本，账款不大就不建议诉讼。同时在诉讼的过程中，积极与客户沟通，寻求庭外和解，减少诉讼费用。

第五，在经过多方努力之后仍无法收回账款，就要做坏账的打算。同时还要在系统中进行反馈，对坏账的客户进行标记，在下次合作的时候，要对客户的信用进行严格的信用评估。不仅是坏账需要进行反馈，对成功的账款回收也需要进行反馈，及时更新客户的信息，对客户的信用有更加精准的管理。

二、信用管理工具方案

由于客户信息管理烦琐，客户信息的数据量较大，处理困难，因此企业需要开发出适合企业发展的客户信息管理系统。同时，客户信用信息的监管也需要相应的技术开发才能够更好地实现，信用管理系统可以通过建立子系统将信息管理的工作进行分类，使整个系统更加完善，实现企业信用管理的目标。

1.客户信用申请子系统

客户信用申请子系统主要是处理有关于客户线上申请的相关事项，能够提高客户信用申请的效率。同时将信用申请子系统与企业的主数据管理系统联系起来，能够将销售部门新开发的客户信息同步到主数据系统中，从而将数据传输到信用申请子系统中进行申请和审核。这种无纸化的信用申请方式能够一键式完成，同时还能够对审批进度进行跟进，能够显示出流程的进度查询、驳回、催办及撤销等，还可以在客户重新提交信用申请时，抛弃了之前烦琐的纸质化的申请流程，有效降低了成本，提高了效率。

2.客户档案管理子系统

客户档案管理子系统主要是对客户的档案进行管理，了解客户的授信情况。客户在客户信用申请子系统进行数据录入之后，可以通过档案管理子系统查询到授信情况。客户档案管理子系统的功能主要包括以下四点。

（1）提示客户欠缺信息。系统可以监测到客户在信用评估过程中欠缺的信息，定期对信息进行汇总和提示，帮助有关部门及时对授信工作进行完善。

（2）提示数据动态化程度。系统可以监测到异常情况的发生，如客户授信情况发生改变，系统可以自动监测并提示相关人员。

（3）对接外部数据库。系统可以了解到行业的征信情况，形成具有参考性的数据库。

（4）检索功能。系统可以提供客户信息检索功能，能够及时准确地获取客户信息。

3.客户资信评级子系统

客户资信评级子系统是主系统的重要部分，是客户授信的基础。资信评级子系统能够通过系统中的数据，自动对客户的等级进行评定。同时在给客户评级之后能够将数据传输到信用申请子系统中，开始审批流程。

4.账龄分析子系统

账龄分析子系统主要是能够与企业的应收账款进行对接，通过客户档案管理子系统提供的授信资料，自动生成数据集合和相应的报表，如应收账款客户清单、客户超信用额度清单、客户付款记录、警告清单、账龄表、信用额度利用率名单等。

5.应收账款催收子系统

当客户出现超信用额度或者超过还款时间的情况，会通过邮箱自动提醒销售人员。应收账款催收子系统详细记录了企业中的每一笔应收账款，其中包括合同到期、超过还款时间、超过信用额度的应收账款，能够及时提醒相关人员进行处理，同时还可以实现从提示到走法律途径的全程管理，配合时间进度表，能够进行实时掌控。应收账款催收子系统应该与账龄分析子系统进行对接，筛选出超过规定要求的客户名单，从而使相关人员执行催收任务，同时将客户的信息向客户信用申请子系统进行反馈，更新客户信息。

6.信用绩效考核子系统

信用绩效考核子系统主要是对信用管理部门的工作进行考核，能够根据权、责、利三个指标贯彻信用管理制度。账龄分析子系统能够为信用绩效考核子系统提供数据，将账款回收率作为指标来衡量销售部门、财务部门、信用管理部门的绩效，并做出最终的考核。

综上所述，客户信用管理系统并不是独立存在的，而是与企业现有的系统进行对接，简化企业客户信用管理的过程，实现有序化管理，是实现信用管理的有效工具。信息管理系统如图5–9所示。

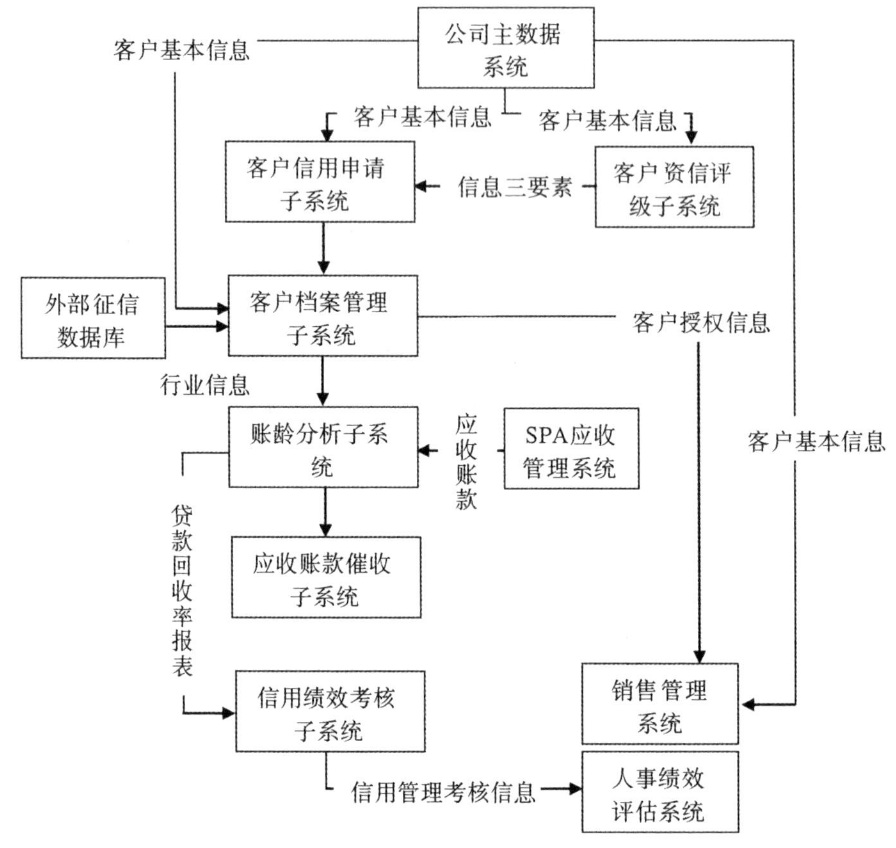

图5-9　信息管理系统

三、信用管理制度流程

在信用部门设置和客户信用管理系统建立的基础上，需要制定企业信用管理的相关制度，在客户信用管理、超信用额度管理、客户逾期货款回收管理等方面制定详细的制度，指导相关人员的行动。

1.客户资信管理制度

客户资信管理制度需要客户信息管理部门、市场销售部门及财务部门共同制定，主要的目标就是规范企业对客户信用的调查。客户的信用信息的主要来源是通过员工收集、客户之前的信用记录、第三方机构等，通过综合各种渠道的信息进行多维度的综合信用评分，得出客观准确的客户信息。客户资信管理制度是信息管理和客户分类中的重要制度规定，能够有效降低风险。

2.赊销业务管理制度

赊销业务管理制度能够科学有效地进行信用管理，核心就是通过客户的信用评级标准，对客户信用级别进行分类，将其分为6个级别：AAA、AA、A、B、C、D（见表5-2）。根据客户的信用级别对信用额度和信用账期进行调整，不同的级别有不同的标准，但是不能超过级别所能承受的信用额度和信用账期的最高限定。

表5-2　信用等级评分标准

信用等级	评分标准	说明
AAA	≥90分	非法人企业的客户无论评分情况如何，原则上都不能在B级以上
AA	≥85分且<90分	
A	≥80分且<85分	
B	≥70分且<80分	
C	≥60分且<70分	
D	<60分	

3.应收账款管理制度

应收账款管理制度是由信用管理部门、市场营销部门及财务部门共同制定，涉及两个方面的内容：信用账期和信用额度。信用管理部门的相关人员根据账期分析子系统的提示，及时获取有关超信用额度和逾期还款的客户的信息，及时通知销售人员进行处理，同时分析产生逾期和超额度的原因并及时的进行改进，将系统原因、客户原因、部门原因及操作原因及时进行反馈，并进行跟踪管理。同时，应收账款管理制度应该严格执行坏账界定和债权管理规定，如客户最长拖欠时间、不同区域的客户账款拖欠时间、结算方式、超额度的客户是否重新进行信用评级、逾期客户的逾期原因以及重新评定和重新授信等规定。

四、信用管理交付评定

1.交付的定义

信用交付就是处理后期应收账款回收的问题。交付是指动产物权的公示方式；信用管理的交付主要是指债权的交付。一般来说是将交付作为所有权转移的时间，在信用管理的过程中就是应收账款的债权转移的时间。

2.交付的类型

交付分为现实交付和观念交付。现实交付就是直接交付，直接进行债权的转移，但是现实交付也可以通过中介实现债权的转移，完成交付。观念交付是在法律的基础上进行变通来便捷交易，是指在特殊情况下，允许债权和债务双方采用约定变通的方式或者观念上进行债权转移的方式进行交付，这是一种替代现实交付的方式，也称替代交付，主要包括以下几种方式。

（1）简单交付。是指企业直接将产品提供给客户，客户在决定购买之后再付款的过程。例如，客户在商场购买衣服时，试穿之后觉得很满意，想直接购买不想再换下来。如果是现实交付，就必须一手交钱、一手交货，客户需要将衣服换下来再进行购买，过程十分烦琐。因此，简单交付能够简化交易程序，减少交易费用和风险。

（2）指示交付。是指在企业与客户进行交易的过程中存在第三方，当客户无法按时交付应收账款的债权时，刚好第三方对客户也有一笔未交付的应收账款，客户可以指示第三方直接对接企业，实现交付，这同样也能够简化交易过程，减少风险和费用。

观念交付还包括占有改定、拟制交付及委托交付等，企业在进行应收账款回收的工作时，需要灵活运用交付方式，在简化交付流程的同时，降低风险和交易费用。

客户服务管理专栏6

大路网：助跑中小企业信用升级

1.公司简介

大路网络科技有限公司（以下简称大路网）作为AI科技公司，成立于2018年，根据中国情况，为“一带一路”提供技术支持。大路网的核心科技是能够在缺乏数据的情况下，通过大数据打造出智能化的数字产品，输出多领域与多场景的智能模型，形成数据归集、模型分析、智能应用的全流程闭环。

2.企业信用评估“软肋”：维度单一，难防“蝴蝶效应”

传统的信用风险管理监控的方式过于单一，无法适应当下复杂多变的行业环境，无法进行全面的把控。信用风险的产生往往是在于客户的还款能力。有的客户在征信的过程中，变现良好，拥有完美的财务报告，但是在还款时却会发生违约逾期的事件。因此，企业需要对客户的经营过程进行实时监控，同时在征信的过程中能够搜集到全面的信息。但是，由于企业前阶段的数据在后期的经营过程中发生了很大的改变，许多征信机构难以进行追踪和评估。因此，为了解决这一难题，应该重新考虑信用风险评估的思路。不同企业的信用需求是不同的，将能够代表企业信用的资源能力信息挖掘出来，运用信用替代和信用拓展来增加企业信用资本。

3.打造玛尔斯信用管理系统：基于企业行为动态评估、预测、管理风险

面对企业信用信息评估方式单一和信息匮乏的问题，以及企业信用数据造假的现象，大路网通过研发出的玛尔斯信用管理系统解决上述问题，该系统不再使用传统的信用评估方式，而是采用最新的企业信用3.0管理体系，融合人工智能及大数据等技术，将信用管理数据化，不仅可以对企业的行为进行分析，同时还能运用全面的数据防止企业数据造假和缺失的现象，实现全方位、多层次的评估。不仅如此，它还拥有动态的监控功能，通过建立多维度的信用监控指标，及时监控企业的各种静态和动态行为，帮助企业预测其可能产生的风险，帮助企业采取行动，提升信用，规避风险。企业信用对于企业的外部交流及社会影响都极其重要，玛尔斯信用管理系统能够有效解决企业的信用风险问题，帮助企业进行信用风险管理，为企业的长期发展建立基础。

4.发展总结

企业的信用管理并不是一个简单的过程，而是要进行科学的管理，通过运用科学的信用管理体系能够起到事半功倍的效果，同时也能够进行更加全面的管理。玛尔斯信用管理体系将信用管理的过程加以完善，为企业的信用风险管理做出了很大的贡献。

（资料来源：作者根据多方资料整理而成）

章末案例

弘玑 Cyclone：RPA 行业客户服务方法论

1.公司简介

弘玑Cyclone成立于2015年，主要是为企业提供全面的自动化流程的产品咨询服务。RPA（机器人自动化流程）作为企业的主要产品提供给中大型企业及上市企业来完善其服务流程。

2.自动化是风向标

当今，企业正在积极拥抱更加“自动化”的未来。数字化转型的潮流推动着企业进行自动化改造，而RPA就是自动化改造过程中的产物，为企业自动化改造添砖加瓦。RPA的概念在2012年被提出，发展至今，通过RPA盈利的公司市值已经超过70亿美元，因此越早向前看的企业越能够在激烈的市场环境中脱颖而出。而RPA在中国的发展始于2018年，由于资本对于RPA的密切关注使其在行业内迅速发展。到2019年，多家RPA企业就已经进行了多轮融资，同时行业内的并购事件也开始频频发生。在数字化转型的潮流中，大多数企业需要建平台、建生态，通过数字赋能补充企业短板，推动企业向前发展。RPA行业通过为企业提供优质的服务使企业能够在数字化转型的过程中，注重客户层面的问题，了解客户需求，服务客户。

3.RPA的兴起

弘玑Cyclone的创始人在了解RPA的发展趋势之后，在2015年创立弘玑Cyclone，而这个时间国内的RPA还没有正式发展起来。弘玑Cyclone的创始人对RPA的发展前景充满着希望，从而产生创业的想法。随着RPA在国内市场中的运用，RPA在四大会计师事务所的成绩将RPA的优势突显了出来，“财税机器人”被大众所熟知，也被越来越多的企业运用。RPA的运用能够有效提高效率，同时更加灵活，增加了客户的满意度及购买意愿，但是相对来说，RPA的投入成本较高。RPA还能够有效解决行业内标准化程度不高、业务之间的联系薄弱、业务差距较大等问题，为企业提供有效的解决方案。在弘玑Cyclone进行融资后，快速推进RPA在多个行业实施，包括零售业、制造业、能源、公安、政府、财税、金融等，实现收益快速增长。

4.RPA提升客户价值

随着RPA在不同行业的发展逐渐成熟，客户的认同和满意程度不断攀升，RPA在企业中也逐渐突显出其独特的价值。RPA能够处理企业中常规的、重复的，以及在企业中需要进入不同系统交换信息等问题，但是在处理企业有关核心业务的场景时，其智能化水平还有待提升。同时，弘玑Cyclone还需要不断地与客户进行交流，通过了解客户企业中的各种相关问题，充分理解业务和产品，使RPA与企业的业务更加契合。弘玑Cyclone建有一支核心队伍来专门处理相关问题，积累了大量的信息和资源。弘玑Cyclone的客户服务宗旨是客户永远在第一位，在中国的土壤上，要发展适合中国企业特色的RPA，需要合适的市场切入点和人工智能技术的提升，这些都是弘玑Cyclone在发展过程中积累的优势，而弘玑Cyclone能够实现这一目标。通过大量的实践，弘玑Cyclone发展了客户服务的新视角。在人力成本上升、数字化转型的浪潮推动下，AI技术的应用使企业越来越关注技术与业务的贴合程度，解决客户的刚需和痛点问题。

为了充分了解客户的刚需和痛点问题，弘玑Cyclone组建了售前顾问团队，团队成员都是拥有丰富经验，来自各大国企、央企的成员，同时根据客户需求的不同及行业的不同，顾问也是来自各行各业的，能够保证服务的专业性，不仅帮助客户解决问题，而且对RPA的升级改造也有重要的影响。之前RPA在金融行业的广泛应用使技术更加成熟和专业化，而随着在各行各业的应用，RPA也越来越与企业的业务相契合，帮助客户提升价值。与国外企业相比，国内大中型企业经历的数字化转型时间更短，强度更高，系统遗留的问题更为复杂多变。RPA可以参与到企业的各类流程中，从研发到生产、销售、服务、人事、财务等流程都可以用RPA来处理和优化，并且能够帮助企业降低人员流失率、降低培训成本等。但如何帮助企业在原有系统的基础上完成对新业务的对接与拓展，对企业来说比各种指标更加重要，也是RPA未来的核心竞争优势。

5.RPA的未来发展

RPA行业经过2019年到2020年的高歌猛进，无论是在投融资方面还是技术方面，都经历了一波热潮。然而，我们可以清晰地认识到RPA行业仍处于早期，技术发展远远未到终点。咨询公司Forrester在2019年四季度的RPA报告也显示，客户对RPA产品的预期已经扩展到了流程自动化任务以外的其他领域，包括其在更广泛场景中的应用，将RPA与AI能力——如文本分析、对话智能或基于机器学习的智能决策更深度地结合。为了满足这些需求，RPA公司的过程发现分析能力、快速规模化能力、中央调度和平台开放性成为制胜关键。把目光再度放在国内，未来几年中RPA行业必定分化出更多发展路径，RPA企业也需关注规模扩张的边际成本，而巨头、AI公司等入局者也会让中国市场呈现不同的发展方向。在不断夯实自身，跑马圈地的同时，弘玑Cyclone如何在“脚踏实地”之时“仰望星空”？在RPA被热议之时，RPA+AI是行业中绕不开的问题。有人认为，AI是RPA技术重新受到关注的根本原因。而从弘玑Cyclone的视角来看，这一问题已经不仅局限在AI，而应该放在整个业务自动化转型进程中去讨论。从弘玑Cyclone的角度来说，以客户的价值体现来看，RPA应该被定义在“业务自动化”这一层面。业务自动化涵盖了三个方面，包括Workflow（工作流）和Business Process（业务流程）的自动化，还有跟企业数据和信息相关的自动化，最终达到业务智能策划的自动化。目前，弘玑Cyclone正在从第二阶段到第三阶段的过程之中，但需要解决和优化的问题还有很多。在整个过程中，需要整合的能力也可以分三个方面，弘玑Cyclone内部把其称为Pan RPA，如何从自动化、人工智能、数据分析，以及各类面向客户业务自动化所需要的能力去考虑自身的产品的发展，是弘玑Cyclone一直在坚持的道路。由此可见，AI只是其中的一种能力，除此之外的分析能力、运维能力，以及RPA平台适配各种系统、各种业务，与人协作的能力也是今后延展的重点，这些都囊括在弘玑Cyclone未来的产品战略中。此外，灵活部署的RPA与现有企业IT体系的交叉点，也是RPA企业在不断探索的领域。典型如RPA和PaaS、SaaS的交叉——在国外，包括UiPath和Automation Anywhere（以下简称AA）等头部企业均推出了SaaS化的RPA，其中AA于2020年10月推出的新平台以Web为基础，能够实现多系统部署和订阅式交付。对此，高煜光表示，行业中无论在国内还是国外，的确已经出现了针对PaaS和SaaS的探索，但这一道路上国外作为先行者，其路径不一定完全适合中国的土壤。国内的企业服务生态和市场与国外不太相同，这决定了RPA企业需要根据实际发展情况来决定自身的产品形态。而弘玑Cyclone真正想做的事情，是端到端地解决企业业务的问题——解决问题是根本，产品形态和商业模式都是水到渠成的结果。

（资料来源：作者根据多方资料整理而成）

本章小结

客户感知是客户在体验服务的过程中所产生的“真实瞬间”，对客户的服务感知产生直接的影响，同时还对企业的服务质量有着重要的影响作用。服务满意是指在产品交易前、交易中、交易后及产品生命周期的不同阶段，采取相应的服务措施来使客户满意的过程，强调在服务过程中的每个环节能够以客户的需求为中心，时时刻刻为客户着想，做到增加客户价值，为客户提供便利。服务创新产生了新型营销方式：体验营销、关系营销、内部营销及口碑营销。

参考文献

[1] 安天博. 社交媒体环境下江小白的品牌传播策略研究[J]. 出版广角，2020（21）：77–79.

[2] 安童童. A公司销售人员绩效考核体系优化研究[D]. 邯郸：河北工程大学，2020.

[3] 曹旭平. 市场营销学[M]. 北京：人民邮电出版社，2017.

[4] 陈坤，魏子祺，连瑞瑞. 基于OKR视角下的互联网企业绩效体系变革研究——基于M公司调查[J]. 北京印刷学院学报，2020，28（12）：57–59.

[5] 陈楠华. 口碑营销[M]. 广州：广东经济出版社，2017.

[6] 戴云. 新媒体环境下的企业营销方案策划[J]. 时代经贸，2020（28）：21–26.

[7] 范秉正. H公司销售人员绩效评价体系优化研究[D]. 宁波：宁波大学，2017.

[8] 范海涛. 一往无前 [M]. 北京：中信出版社，2020.

[9] 冯倩. 网购客户流失的实证分析[D]. 成都：西南财经大学，2013.

[10] 高红丽. HC公司销售管理业务改进研究[D]. 长春：吉林大学，2018.

[11] 顾丽亚. 浙江豪博科技有限公司发展战略研究[D]. 兰州：兰州理工大学，2020.

[12] 郭宇环. “销售管理”课程模块教学的探索——以“销售目标及数据分析”模块为例[J]. 技术与教育，2019，33（2）：54–57.

[13] 郭浩杰. 基于产品生命周期的好利来产品策略[J]. 商业故事，2019（5）：185–186.

[14] 韩海燕. 醉香甜的味道[J].走向世界. 2020（11）：68–71.

[15] 贺学友. 销售铁军 [M]. 4版. 北京：中信出版社，2019.
[16] 黄迪祺. 销售运营管理：世界500强如何运筹帷幄、决胜市场[M]. 北京：中华工商联合出版社，2018.
[17] 黄铁鹰. 海底捞的秘密[J]. 中国企业家，2011（Z1）：48-67+10.
[18] 姬娲. 山东网通公司网络广告业务整合营销传播研究[D]. 济南：山东大学，2008.
[19] 加里·阿姆斯特朗，菲利普·科特勒. 市场营销学[M]. 11版.赵占波，译. 北京：机械工业出版社，2013.
[20] 蒋迪宇. 中国电信3G营销渠道建设研究[D]. 南宁：广西大学，2008.
[21] 李守万. SY电信农村市场营销渠道战略研究[D]. 南京：南京邮电大学，2020.
[22] 李会彦. 销售冠军是如何炼成的[J]. 销售与市场（管理版），2020（6）：98-99.
[23] 李正昕. 基于SMART原则的网络直播教学模式应用研究——以“钉钉直播+雨课堂”为例[J]. 现代商贸工业，2020，41（17）：213-214.
[24] 李惠琳. 铂爵旅拍的创新进化论[J]. 21世纪商业评论，2020（Z1）：78-79.
[25] 李惠琳. 奈雪喜茶的下半场[J]. 21世纪商业评论，2020（Z1）：54-59.
[26] 李波. 到河狸家去做客[J]. 启蒙，2019（8）：26-27+39.
[27] 李玉吉. 客户关系管理在汽车营销管理中的应用构思与探讨[J]. 商，2016（18）：18.
[28] 李强. 销售团队建设在企业中的重要作用[J]. 现代工业经济和信息化，2017，7（4）：107-108.
[29] 李传明. 船舶修理企业生产条件基本要求及评价方法使用指南[J]. 船舶标准化工程师，2010，43（3）：46-50.

[30] 李鹏. 英特尔（中国）有限公司CPU产品分销策略研究[D]. 兰州：兰州交通大学，2019.

[31] 李巍，李洋. 论基于企业文化的企业核心竞争力[J]. 中国商贸，2011（5）：79-80.

[32] 李亚锋. 网易云音乐口碑营销策略研究[D]. 长沙：湖南师范大学，2019.

[33] 黎万强. 参与感：小米口碑营销内部手册[M]. 北京：中信出版社，2018.

[34] 刘澄，李锋. 信用管理[M]. 北京：人民邮电出版社，2015.

[35] 娄悦，陈美玲. 河狸家APP的营销策略研究——基于消费者需求的调查[J]. 现代商业，2018（35）：14-15.

[36] 陆泉清，沈国权，孙继芳. 中小企业销售管理系统的现状、发展趋势及目标分析[J]. 现代营销（下旬刊），2020（8）：122-123.

[37] 陆倩倩. 恒顺醋业销售渠道策略改进研究[D]. 兰州：兰州理工大学，2019.

[38] 鲁毅. IPS公司关系营销策略的研究[D]. 上海：上海交通大学，2009.

[39] 罗永泰，王艳婷.基于隐性需求的休闲服装品牌营销研究[A]. 决策科学与评价——中国系统工程学会决策科学专业委员会第八届学术年会论文集. 2009-10-16：298-308.

[40] 吕朝晖. 市场营销学[M]. 2版. 北京：化学工业出版社，2010.

[41] 马斐. 体验式营销：实用技巧与成功案例[M]. 北京：电子工业出版社，2012.

[42] 马向军. 松下洗衣机中国市场分销渠道管理策略研究[D]. 兰州：兰州大学，2018.

[43] 马跃. 互联网思维下的口碑营销[M]. 北京：中国财政经济出版社，2014.

[44] 孟庆丰. 从KPI到OKR，你的目标是什么[J]. 人力资源，2020

（19）：92–94.
[45] 苗月新. 市场营销学[M]. 4版. 北京：清华大学出版社，2019.
[46] 莫悠. 新零售背景下广州零售商业空间变化研究——以广州盒马鲜生为例[D]. 广州：华南理工大学，2020.
[47] 牟映洲. 成都城市品牌营销研究[D]. 成都：电子科技大学，2020.
[48] 木木. 信息透明不能是单向的[N]. 证券时报，2020–11–26.
[49] 潘琼，杜义飞. 从传统行业到产业互联网创新实践——许毅刚变革管理思想的演化过程研究[J]. 管理学报，2021，18（1）：1–11.
[50] 潘静静，丁斅，孙君，等. 基于“互联网+”背景下盒马鲜生营销策略分析[J]. 商业经济，2020（10）：66–69.
[51] 齐慎. 鲁抗医药营销渠道系统研究[D]. 济南：山东大学，2007.
[52] 乔新生. 规范网络直播的重要意义[J]. 青年记者，2020（36）：109.
[53] 苏朝晖. 服务营销管理：服务业经营的关键[M]. 北京：清华大学出版社，2012.
[54] 苏朝晖. 服务营销与管理[M]. 北京：人民邮电出版社，2019.
[55] 苏朝晖. 客户关系管理：客户关系的建立与维护[M]. 2版. 北京：清华大学出版社，2010.
[56] 苏朝晖. 客户关系管理：建立、维护与挽救[M]. 2版.北京：人民邮电出版社，2020.
[57] 孙奇茹. 主播须实名 未成年人不能打赏[N]. 北京日报，2020–11–25.
[58] 郭梦倩，黄麟. 社区生鲜电商商业模式分析——以叮咚买菜为例[J]. 中国商论，2020（11）：12–13+27.
[59] 田兆健. 区域性零售商与快速消费品制造商渠道联盟研究[D]. 济南：山东大学，2006.
[60] 佟笛. 通用电气医疗集团湖南分销渠道研究[D]. 长沙：湖南大学，2006.
[61] 童成权. 厦华公司渠道客户关系营销研究[D]. 西安：西安理工大

学，2007.

[62] 谭贤教. 海南春光食品有限公司营销渠道管理研究[D]. 海口：海南大学，2020.

[63] 唐鹏. 营销团队的建设及管理研究[J]. 营销界，2020（3）：19-20.

[64] 涂平. 市场营销研究：方法与应用[M]. 3版.北京：北京大学出版社，2016.

[65] 瓦拉瑞尔·A.泽丝曼尔，玛丽·乔·比特纳，德维恩·D.格兰姆勒. 服务营销[M]. 7版. 张金成，白长虹，杜建刚，等译. 北京：机械工业出版社，2018（11）.

[66] 王成良. L公司关系营销策略研究[D]. 西安：西安理工大学，2006.

[67] 王建和. 阿里运营实战笔记[M]. 北京：机械工业出版社，2020.

[68] 王倩. 蒙牛乳业数字化营销部销售团队建设与管理的研究[D]. 天津：天津大学，2018.

[69] 汪至正. SZDX院线通业务个性化营销策略研究[D]. 南京：南京理工大学，2017.

[70] 王甜源. HF纸业公司客户关系管理优化研究[D]. 南京：南京师范大学，2016.

[71] 王晶. 巨人通力电梯有限公司销售渠道研究[D]. 兰州：兰州大学，2011.

[72] 王静. 试论商业银行的战略转型[J]. 现代商业，2011（32）：34+33.

[73] 王晓利. 海双公司销售管理优化研究[D]. 北京：中国政法大学，2019.

[74] 王跃梅. 服务营销 [M]. 杭州：浙江大学出版社，2011.

[75] 王巧贞. 江小白，就决定是你了！[J]. 销售与市场（营销版），2020（12）：74-78.

[76] 王腾飞. A公司基于OKR绩效管理改进研究[D]. 西安：西安理工大学，2020.

[77] 文希岳. 销售团队管理全案：制度管人+流程管事+实用表格[M]. 北京：中国铁道出版社，2019.

[78] 威廉·科恩，托马斯·德卡罗. 销售管理[M]. 10版. 刘宝成，李霄松，译. 北京：中国人民大学出版社，2017.

[79] 魏婕. 好利来：老品牌年轻化成长路径[N]. 中国经营报，2020-03-02（C07）.

[80] 魏婕，蒋政. 好利来“分家”记[N]. 中国经营报，2019-09-09（D03）.

[81] 温强，苏文丽. 制订营销计划的“234”[J]. 中外管理，2006（2）：91-93.

[82] 吴凤婷. 企业管理目标及其价值创造管理路径初探[J]. 行政事业资产与财务，2020（24）：39-40.

[83] 夏凤，胡德华. 市场营销理论与实务[M]. 3版.北京：电子工业出版社，2019.

[84] 杏杏. 只有先做好了人，才能做好事[J]. 廉政瞭望，2020（23）：38.

[85] 徐鹏. 互联网+时代市场营销的信息化发展与管理探讨[J]. 农村经济与科技，2020，31（20）：169-170.

[86] 徐岚. 服务营销[M]. 北京：北京大学出版社，2018.

[87] 徐男. PR公司海外营销渠道设计[D]. 成都：四川大学，2006.

[88] 薛可，陈俊，余明阳. 整合营销传播学——移动互联网时代的IMC新论 [M]. 上海：上海交通大学出版社，2019.

[89] 严学锋，谷学禹. 美的式有效激励[J]. 董事会，2019（11）：70-73.

[90] 颜凯歌. 广东移动电子渠道客户满意度实证研究[D]. 广州：华南理工大学，2011.

[91] 杨坤. 基于和谐管理的关系价值理论与实证研究[D]. 西安：西安理工大学，2007.

[92] 杨伟东. 个性化营销战略的实现途径研究[J]. 智库时代，2018（49）：198-199+298.

[93] 杨小红，赵洪珊. 市场营销学[M]. 北京：中国纺织出版社，2016.
[94] 杨云飞. 梁昌霖的“卖菜”哲学[J]. 中国物流与采购，2020（17）：16–17.
[95] 姚飞. 客户关系管理：销售的视角[M]. 2版. 北京：机械工业出版社，2019.
[96] 游金岚. 基于客户关系生命周期理论的氯碱产品生产企业客户忠诚度研究[D]. 乌鲁木齐：新疆财经大学，2014.
[97] 于璐. BY认证公司客户关系管理研究[D]. 沈阳：东北大学，2013.
[98] 赵灵玮，闫旭. “叮咚买菜”与“盒马鲜生”商业模式比较研究[J]. 经济研究导刊，2020（11）：107–109.
[99] 赵日磊. 目标管理中的七个经典片段[J]. 软件工程师，2010（6）：23–25.
[100] 赵日磊. 从七个经典故事看目标管理[J]. 中国电力教育，2010（14）：70–72.
[101] 赵述评，郭缤璐. 挤入咖啡赛道 奈雪的茶拓展新市场[J]. 中国食品，2020（24）：86–87.
[102] 赵志伟. 强调体验引领家电卖场升级[J]. 现代家电，2012（19）：47–48+8.
[103] 张桂平，庞毅.中国商业文化实践与理论[J]. 商业文化，2020（21）：9–20+8.
[104] 周高华. 情感营销：体验经济、场景革命与口碑变现[M]. 北京：人民邮电出版社，2016.
[105] 周月刚. 信用风险管理：从理论到实务[M]. 北京：北京大学出版社，2017.
[106] 朱岩，李树玲. 营销渠道管理：理论与实务[M]. 北京：机械工业出版社，2017.
[107] 朱慧君. 浙江中控技术股份有限公司客户关系管理研究[D]. 长沙：

湖南大学，2010.

[108] 庄贵军. 营销渠道控制：理论与模型[J]. 管理学报，2004（1）：82–88+5.

[109] 钟娜娜. 济南三联商社逆向渠道控制的策略研究[D]. 济南：山东大学，2006.